Léger

La búsqueda de un nuevo orden

Lola Durán Úcar

Fernand Léger es un hijo del siglo XX, aunque nació en 1881, en el último tramo del XIX. Su recorrido vital, el tiempo que le tocó vivir, marcó cada uno de sus pasos artísticos, donde su visión existencial y creadora pugnan por convivir al unísono, desde una nueva realidad. Un tiempo marcado por los cambios tecnológicos, por las máquinas y las ciudades, a las que hay que aceptar tras un ejercicio de orden que ve necesario y un humanismo que reclama eterno. El arte unido a la vida.

Muy pronto, Léger comprende que el mundo ha cambiado para sus coetáneos de forma vertiginosa. Se hace presente la ciudad con el bullicio, el ruido, la máquina, la velocidad, la confusión. Este es el mundo actual y hay que aceptar esta realidad. Afrontar el desafío de este caos y tornarlo en belleza, equilibrio y armonía es el reto que, poco a poco, asume el artista.

Hablar de esta progresión es más fácil de imaginar que de ejecutar, teniendo en cuenta que Léger llega a París desde su pueblo natal, Argentan, en 1900. Desde ese rincón de Normandía, en una localidad de apenas seis mil habitantes, el artista se despide del mundo campesino, ligado a la tierra y a sus ciclos naturales. Deja atrás un paisaje marcado por la orfandad, por un padre ganadero fallecido demasiado pronto.

Un nuevo modo de vida París se había convertido entonces en centro neurálgico y reclamo para todos aquellos interesados por el arte. Es la capital de la vanguardia creadora, a la que los jóvenes acudían fascinados por el ambiente bohemio, los cafés cosmopolitas, las posibilidades de formarse en las academias y museos. Otro gran atractivo son los salones que organizan exposiciones, que son ventanas abiertas a las nuevas tendencias y valores artísticos.

Léger inicia sus estudios en la École des Arts Décoratifs de París en 1903. En 1908 se instala en la residencia de artistas La Ruche (la Colmena), donde se agrupaban más de cien talleres de pintores de todo el mundo, gracias a un ambiente propicio y alquileres baratos. Allí trabajaban Jacques Lipchitz, Ossip Zadkine, Amedeo Modigliani, Oleksandr Arjípenko, o Chaim Soutine, con los que traba relación.

En París descubre la ciudad moderna y lo que conlleva, su mundo visual, la vida colectiva, el movimiento desenfrenado. Queda impresionado por las luces, las formas en movimiento, los ascensores, los anuncios publicitarios, los colores, las letras vibrando, los sonidos... millones de imágenes. Miles de impactos simultáneos, definidos por límites confusos.

La ciudad le seduce al tiempo que le aturde, percibe la confusión, el caos, el torrente de estímulos, la avalancha de información. Lo afirma con contundencia: «El mundo visual de una gran ciudad moderna, este enorme espectáculo está mal orquestado [...] Consideremos el problema en toda su amplitud, organicemos el espectáculo exterior»[1].

Como artista plástico, le preocupa lo que denomina la «invasión polícroma»: «El color lo invade todo, como una marea. Absorbe las paredes, las carreteras [...] Abrimos la ventana y una fracción de publicidad chillona entra como una flecha. Locura de color y de ruido [...] Ya es hora de que empecemos a protegernos»[2]. La Normandía de su infancia en nada se parece a este paisaje urbano que provoca la industrialización.

Comprende que ese es el mundo actual y que hay que aceptar esta realidad. El reto consiste en intentar imponer un orden humano al caos. Como hombre, contempla el entorno y se convence de que nada puede serle extraño ni ajeno; mucho menos como creador y testigo de unos cambios en la escena social y en el alma humana.

Fernand Léger, en su camino, se centra en la búsqueda de un lenguaje pictórico, un nuevo orden plástico, basado en una realidad nueva y en la nueva sensibilidad que se ha creado en el hombre del siglo XX.

Su creación está íntimamente ligada a un espacio, a un tiempo; el artista demuestra —merece la pena insistir en ello— un profundo compromiso con el momento que le toca vivir. Desdeña el arquetipo de artista aislado en un mundo

1 Fernand Léger, «Le spectacle», conferencia impartida en La Sorbona. Publicada en el *Bulletin de l'effort moderne*, París, n.º 7, julio, 1924; n.º 8, octubre, 1924; n.º 9, noviembre, 1924.

2 «La invasión polícroma» (manuscrito inédito), citado en Roger Garaudy, *Un realismo del siglo XX, diálogo póstumo con Fernand Léger*, Siglo XXI de España Editores, Madrid, 1971.

onírico y, al contrario, opta por ser espejo del paisanaje circundante, por enfatizar la tecnología rampante y por proclamar que ya nada es lo que era. El cambio se ha impuesto y el artista, con un nuevo arte, debe contarlo.

Un nuevo arte Un nuevo mundo requiere una creatividad que organice ese caos. Así pues, el artista no puede ser ajeno a la transformación del mundo, debe estar comprometido, ofrecer soluciones. Esas soluciones no se hallan mirando al pasado, sino aceptando y ordenando el presente, con ideas y recursos actuales. Con estos fundamentos básicos, Léger empieza su propia evolución, a la búsqueda de un mundo armónico.

El papel del artista es dar solución a estos problemas que plantea la vida, pero para ello ha de basarse en estrategias y materiales contemporáneos, acordes con el espíritu de su tiempo. En este sentido, Léger rechaza las «escuelas oficiales, las de "bellas artes" y otras que se obstinan en reeditar épocas desaparecidas [...] La realidad del mañana está ya al alcance de la mano. Una sociedad sin frenesí, serena, ordenada, viviendo con naturalidad entre lo bello, sin exclamaciones ni romanticismo. Que todos nuestros esfuerzos tiendan a ello [...]»[3].

Además, es un momento histórico en el que las religiones se derrumban por obsoletas. Ante la indiferencia, la costumbre o el hábito que se siente hacia las religiones tradicionales, que producen una sensación de vacío, Léger pretende llenar ese vacío espiritual con el culto a lo bello, una nueva religión. Para ser más precisos, «un idealismo concreto, objetivo, que reemplazará con ventaja las viejas religiones, cuya razón de ser no era más que adormecer al pueblo con el opio de una vida futura y engañosa que nada prueba que exista. A partir de ahora vamos a vivir en plena luz, en la claridad, en la desnudez. Hay en ello un manantial de gozo perfectamente nuevo que es nuestro porvenir»[4].

Camino de búsqueda Léger crea una iconografía y un lenguaje original, de formas y colores que hacen que su estilo sea perfectamente identificable.

Su punto de partida es el impresionismo, que había surgido como reacción contra las limitaciones impuestas por la tradición académica. En el impresionismo, las pinceladas son cortas, rápidas y de colores puros, los contornos se difuminan, los límites se desdibujan; no se rige por las exigencias de la estructura.

Léger reconoce tanto sus inicios impresionistas como su reacción de alejamiento posterior ante este movimiento artístico. Declara que «es entre 1905 y 1908 cuando la pelea de la generación actual comenzó. Teníamos forzosamente que salirnos del impresionismo a todo precio, porque nos encerraba en una técnica de pulverización coloreada que conducía a un callejón sin salida»[5]. Y hay que buscar salidas.

Agotada la vía del impresionismo, se trataba ahora de reconstruir los objetos que este movimiento había difuminado, pero no volviendo la vista a la tradición, sino creando un orden plástico nuevo acorde con el espíritu y la técnica actuales.

La respuesta a esta cuestión la encuentra en la retrospectiva de Cézanne, presentada en el Salon d'Automne celebrado en París en octubre de 1907.

Inspirado por él, Léger estudia los volúmenes, los analiza para extraer de ellos lo esencial, para posteriormente reconstruir la realidad mediante líneas y formas geométricas. La distorsión cubista de la realidad pintada y su inmediata reorganización iban a fascinarle. Construye su propio lenguaje, basado en la visión intelectualizada de lo observado.

No oculta Léger esta revelación: «Sin Cézanne, me pregunto muchas veces lo que sería la pintura actual [...] Cézanne me ha enseñado a apreciar las formas y los volúmenes, me ha hecho concentrarme sobre el dibujo. A partir de ahí he comprendido que el dibujo tiene que ser matemático, sin el menor sentimentalismo»[6].

La trayectoria artística de Fernand Léger es constante y diversa. La preponderancia de las figuras humanas y las formas geométricas, el diálogo entre las líneas y los colores, su gusto por la arquitectura y los planos pictóricos son ingredientes que conforman un arte propio e identificable. Los recuerdos del caduco impresionismo, testigos de un pasado superado, van apagándose a medida que

3 Fernand Léger, «Nouvelles», conferencia impartida en Berlín en marzo de 1928, publicada en *Variétés*, Bruselas, t. 1, n.º 9.

4 Fernand Léger, «Nouvelles», *ibid.*

5 Fernand Léger, *Funciones de la pintura*, Cuadernos para el diálogo, Madrid, 1969.

6 Citado en Roger Garaudy, *op. cit.*, pp. 137-138.

evoluciona su creatividad, a veces limitando con la abstracción nunca buscada, hasta alcanzar la vanguardia cubista.

Hablar de Léger es hablar de cubismo. Este movimiento representó uno de los más claros ejemplos de reivindicación de un lenguaje moderno. En sus planteamientos cubistas, Léger se siente próximo a otros artistas como Gleizes, Metzinger, Derain, los hermanos Duchamp, Robert y Sonia Delaunay, con los que constituye el grupo de Puteaux, que toma una postura de mayor libertad expresiva frente al cubismo analítico de Picasso o Braque.

Albert Gleizes (1881-1953) y Jean Metzinger (1883-1956) son los autores del ensayo *Du Cubisme*, considerado como el primer manifiesto del cubismo, que fue publicado por Eugène Figuière Éditeurs, en la colección «Tous les Arts», en París en 1912. La obra se presenta para la exposición Salon de la Section d'Or en octubre de 1912. Los autores disertan sobre las reflexiones que dieron origen al movimiento cubista, y lo hacen desde el punto de vista del artista, no del teórico.

Señalan al cubismo como la revolución más importante acaecida en la pintura desde el Renacimiento. Hasta entonces, la pintura o la escultura eran una representación de la realidad, expresada con más o menos fidelidad. A partir de ahora el arte pasa a ser una traducción de la realidad o su concepto intelectual, y no tiene que guardar fidelidad al modelo de partida. Ahí están también algunas de las ideas motoras de Léger, su compromiso con el mundo presente, pero adaptándolas a la modernidad.

El ensayo, que tuvo gran repercusión y se tradujo a inglés y ruso, estaba ilustrado con imágenes de distintos autores, organizados según su momento de adhesión al movimiento. Treinta y cinco años después, en 1947, se reedita *Du Cubisme*, acompañado de once estampas, seis aguafuertes, dos aguatintas y tres puntas secas. Aunque se elaboraron durante la década de los veinte, no se estamparon y publicaron hasta 1947.

La Primera Guerra Mundial supone un impacto brutal para Léger, que es movilizado y, tras un tiempo en el campo de batalla, termina en el hospital. Como zapador en el cuerpo de ingenieros, su labor se relacionaba con la artillería. La guerra le revela una doble visión: por un lado, la máquina; por otro, el hombre que la maneja y acaba destruido por ella. El horror vivido le afecta profundamente y se plantea cómo compensar la tragedia, y cómo sobrevivir a la posguerra.

«Después de cuatro años de paroxismo, el hombre moderno se encuentra en una situación social que no es la paz [...] La guerra económica no le deja tregua. Es un estado de guerra tan despiadado como el otro. Mientras la evolución económica no haya dado al hombre el equilibrio deseado, mientras sea la víctima de las máquinas en lugar de ser su beneficiario, se asistirá a ese espectáculo cotidiano de gentes que se empujan en los medios de transporte para ir al trabajo, en los comedores colectivos, y que por la noche se precipitan en busca de un espectáculo que les haga olvidar su agotamiento. Van a él como las mariposas van a la luz, fascinados [...] Con una especie de borrachera que se sitúa entre la borrachera de la tasca y la de los estupefacientes; también con un sentimiento oscuro, pero indiscutible, de una necesidad de belleza. ¿Qué tenemos para echar en pasto a esta enorme demanda?».[7]

Es el momento de su época mecánica; se toma de la máquina la estructura y los elementos geométricos, los colores se muestran resplandecientes y se tornan progresivamente amables. Aparece la representación del rostro humano, lo que le obliga a utilizar el volumen; las obras antes dinámicas pasan a ser estáticas. Lo deja meridianamente claro: «Tenía necesidad de descanso, de respirar un poco. Después del dinamismo del periodo mecánico he sentido la necesidad del estatismo de los grandes rostros, que he llevado más tarde a mi obra. Antes yo había roto el cuerpo humano, y entonces me puse a recomponerlo y a buscar de nuevo el rostro. Desde ese momento he utilizado la figura humana; esta se ha desarrollado más tarde, lentamente, hacia una imagen más realista, menos esquemática»[8].

Durante la Segunda Guerra Mundial el artista, en su exilio americano, imparte clases en diferentes universidades, se afilia al Partido Comunista, pinta murales y tan pronto regresa a Francia, impulsado por el pensamiento de crear un arte para todos, se involucra en numerosos proyectos en la esfera pública. Desarrolla obras sobre temas populares, de ocio y esparcimiento, destacando entre ellos el circo, el espectáculo completo, metáfora de la vida.

7 Fernand Léger, «Le spectacle», *op. cit.*
8 Georges Bauquier, *Fernand Léger. Sa vie son oeuvre son rêve*, Edizioni Apollinaire, Milán, 1971.

Léger ha creado un universo propio. Ligado a la tierra y a la naturaleza, a la tradición y, al mismo tiempo, a la modernidad y a la máquina. Un mundo en cuyo centro sitúa al hombre moderno, el hombre de la calle, el que trabaja y el que se divierte, un hombre colorido que vive el espíritu de su tiempo.

Orden en todos los aspectos de la vida Léger mantuvo siempre un profundo compromiso social. Declaraba que su objetivo principal era trabajar para que las personas menos formadas, o con menos posibilidades, tuviesen el camino para llevar una vida mejor, a través del arte.

Partiendo de este axioma, la necesidad de ordenamiento se extiende a todos los aspectos de la vida cotidiana, trascendiendo la pintura y llevándolo a otras formas de arte de más amplia difusión y alcance social: urbanismo, arquitectura, cine, publicidad, etc. Si nada debe ser ajeno para Léger y sus coetáneos, respecto al mundo que les rodea, tampoco pueden ponerle puertas a la creatividad. Las ideas, expresadas en todos los lenguajes expresivos, están al servicio de la humanidad. El compromiso social habla en miles de formas y colores.

Junto con Le Corbusier, Josep Lluís Sert, Alvar Aalto y otros arquitectos, Léger forma parte de la Union des artistes modernes, movimiento que preconiza una nueva forma de vida, mejor y universal. También participa en el Congreso Internacional de Arquitectura Moderna, que tenía, entre otros objetivos, fijar la problemática real de la arquitectura y estudiar su renovación, teniendo muy en cuenta los aspectos sociales.

Como constructores del mundo moderno quieren mejorar los modos de vida en general y muy especialmente de los trabajadores. Gracias a la creación de una arquitectura de espacios amplios, aireada, con zonas de ocio, el lugar de trabajo puede ser un espacio agradable, «lugares que no encierren al hombre ni limiten sus posibilidades, sino que, al contrario, le permitan desarrollarse plenamente»[9]. Es el humanismo dentro del mundo del trabajo, siguiendo la inspiración artística.

En Léger está también la huella del *ballet*. En los inicios de los años veinte el artista decora los Ballets Suecos de Rolf de Maré y Jean Börlin: *Skating Rink*, de Honegger, y *La création du monde*, de Darius Milhaud. Una experiencia reveladora, al tener que combinar pintura y danza o contraponer la movilidad de los bailarines a la inmovilidad de los escenarios.

Pero las inquietudes de Léger no se paran ahí, pues tiene una visión conjunta de la experiencia humana que es la vida. Lo que hoy denominaríamos visión integral está en el germen de la mirada y compostura del artista francés. Así, al cine lo considera un medio que tiene la capacidad de llegar a todos, a diferencia del teatro, dedicado a un sector más reducido: «el cine es joven, moderno, libre y sin tradiciones. Aquí radica su fuerza. Se extiende a todas las esquinas del barrio, como los chiquillos, como las tabernas. Está en la calle, con la vida, en mangas de camisa»[10]. El ojo escrutador de Léger está siempre atento a las vanguardias, asimila fácilmente el presente sin dejar de mirar el futuro que se asoma.

Todo interesa, lo grande y lo pequeño se funden en la categoría de lo necesario. Porque el arte, y su compañero, el color, forman parte de lo esencial. El arte, entendido así, como parte esencial de la vida, no como algo complementario. El arte no como un adorno, sino como un elemento fundamental en la organización de la realidad. Vida y arte, arte y vida, mezclados en esa armonía que siempre ha buscado este genio normando, deslumbrado por París y las máquinas, e hijo de su tiempo.

9 Brigitte Hedel-Samson, «Fernand Léger, artista moderno heredero de una tradición, constructor del futuro pero fiel al pasado», en *Fernand Léger*, cat. exp., Fundació Joan Miró, Barcelona, 2003, p. 179.

10. Fernand Léger, *Funciones de la pintura*, *op. cit.*

The Search for a New Order

Lola Durán Úcar

Fernand Léger is a child of the twentieth century, even though he was born in 1881, in the last stretch of the nineteenth century. His life course, the time he was fated to live in, marked each of his steps as an artist, where his existential, creative vision battled to live in unity, based on a new reality. It was a time marked by technological changes, by machines and cities, which must be accepted after an exercise of order which he viewed as necessary and a humanism which claimed to be eternal. Art joined with life.

Quite early, Léger understood that the world had undergone huge changes for his cohort. A city appeared with bustle, noise, machines, speed, confusion. This was the current world, and this reality had to be accepted. Rising to the provocation of this chaos and turning it into beauty, equilibrium and harmony was the challenge that the artist gradually took on.

Talking about this progression is easier to imagine than to carrying it out, bearing in mind that Léger came to Paris from his hometown, Argentan, in 1900. From this little hamlet in Normandy, a town with barely 6,000 inhabitants, the artist bade farewell to his country life, tied to the land and its natural cycles. He left behind a landscape marked by orphanhood, by a livestock farmer father who died too young.

A New Way of Life By that time, Paris had become the nerve centre and enticement of anyone interested in art. It was the capital of the creative avant-gardes, where youths flocked, fascinated by the bohemian atmosphere, the cosmopolitan cafés, the possibilities of being trained at the academies and museums. Another major draw were the salons that held exhibitions, windows onto the new artistic trends and values.

Léger started his studies at the École des Arts Décoratifs of Paris in 1903. In 1908, he moved into the La Ruche (The Beehive) artists' residence, which brought together more than 100 painting ateliers from all over the world thanks to a propitious atmosphere and cheap rent. Jacques Lipchitz, Ossip Zadkine, Amedeo Modigliani, Oleskandr Arjípenko and Chaim Soutine worked there, all of whom he met.

In Paris he discovered the modern city and everything it meant, its visual world, collective life, unbridled motion. He was impressed by the lights, the forms in motion, lifts, advertisements, colours, vibrating letters, sounds... Thousands of images. Thousands of simultaneous impacts defined by blurred boundaries.

The city seduced him while also dazing him; he perceived the confusion, the chaos, the torrent of stimuli, the avalanche of information. He stated it emphatically: 'The visual world of a large modern city, this enormous spectacle, is poorly orchestrated [...] Let us consider the problem in all its breadth; let us organise the outdoor spectacle'.[1]

As a fine artist, he was concerned with what he called the 'polychrome invasion': 'colour is invading everything, like a tide. It is absorbing walls, streets [...] We open the window, and a fraction of the garish advertising enters like an arrow. Madness of colour and noise [...] It's time we began to protect ourselves.'[2] The Normandy of his childhood in no way resembled this urban landscape carved by industrialisation.

He understood that this was the modern world and that he had to accept reality. The challenge consisted in trying to impose human order on the chaos. As a man, he viewed his environs and became convinced that nothing could be either strange or alien to him, especially as a creator and a witness to changes in the social scene and the human soul.

Along his way, Fernand Léger focused on the quest for a pictorial language, a new artistic order based on a new reality and the new sensibility that had emerged in twentieth-century man.

His creations were closely tied to a space, to a time; the artist showed—and this is worth emphasising—a profound commitment to the time he was fated to live in. He disdained the archetype of the artist isolated in a dreamlike world and instead chose to become a mirror of the landscape around him, to stress the rampant technology and to proclaim that nothing was the way it used to be. Change had stormed in, and the artist, with a new art, had to tell about it.

1 Fernand Léger, 'Le spectacle', lecture at La Sorbonne published in *Bulletin de l'effort moderne*, Paris, no. 7, July 1924; no. 8, October 1924; no. 9, November 1924.

2 'La invasión polícroma' (unpublished manuscript) cited in Roger Garaudy, *Un realismo del siglo XX, diálogo póstumo con Fernand Léger*, Siglo XXI de España Editores, Madrid, 1971.

A New Art A new world required creativity to organise the chaos. Therefore, the artist could not be insulated from the transformation of the world but had to be committed and offer solutions. Those solutions were not found by looking back into the past but by accepting and organising the present with modern ideas and resources. With these basic underpinnings, Léger began his own evolution in the quest for a harmonious world.

The artist's role was to provide a solution to these problems posed by life, yet to do so he had to draw from contemporary strategies and materials in line with the spirit of his day. In this sense, Léger rejected 'official schools, "fine arts" schools and others which are determined to rehash vanished eras [...] The reality of tomorrow is already at hand. A society without frenzy, serene, orderly, living naturally amidst beauty without exclamations or romanticism. May all our efforts be in this direction [...].'[3]

Furthermore, it was a historical time when religions, deemed obsolete, were crumbling. In view of the indifference, customs or habits felt towards traditional religions, which prompted a sense of emptiness, Léger sought to fill this spiritual void with worship of beauty, a new religion. To be more precise, 'a concrete, objective idealism which will more than replace the old religions, whose raison d'être was none other than to put the people to sleep with the opiate of a false future life for which no proof exists. From now on, we are going to live fully in the light, in the lightness, bare. Here, there is a totally new fount of enjoyment, which is our future.'[4]

Pathway of Discovery Léger created an original iconography and language filled with shapes and colours, which make his style easily identifiable.

His point of departure was impressionism, which had emerged in reaction to the limitations imposed by the academic tradition. In impressionism, the brushstrokes are short, quick and filled with pure colours; outlines are softened and boundaries are blurred; it is not governed by the demands of structure.

Léger recognised both his impressionist roots and his subsequent reaction when he distanced himself from this artistic movement. He declared that 'it was between 1905 and 1908 when the current generational struggle began. We had to forcibly leave impressionism at all costs because it was imprisoning us inside a colour pulverisation technique that was leading to a dead-end.'[5] A way out had to be found.

With the course of impressionism exhausted, he now had to reconstruct the objects that this movement had blurred, not by turning back to tradition but by creating a new artistic order in line with the modern spirit and technique.

The response to this question was found in the Cézanne retrospective held in Paris's Salon d'Automne in October 1907.

Inspired by Cézanne, Léger studied volumes, analysed them to draw the essence from them in order to later reconstruct reality through lines and geometric shapes. The cubist distortions of painted reality and its immediate reorganisation fascinated him. He constructed his own language based on an intellectualised vision of what he saw.

Léger did not hide this revelation: 'Without Cézanne, I often wonder what painting today would be like [...] Cézanne taught me how to appreciate shapes and volumes; he made me concentrate on drawing. And based on that, I understood that drawing has to be mathematical, without the least hint of sentimentalism.'[6]

Fernand Léger's artistic career was steady and diverse. The preponderance of human figures and geometric shapes, the dialogue between lines and colours, his taste for architecture and pictorial planes were ingredients that comprise a unique, identifiable art. The reminiscences of the obsolete impressionism, witnesses of a past overcome, gradually vanished as his creativity evolved, sometimes bordering on the abstraction he never aspired to, until reaching the cubist avant-garde.

Talking about Léger means talking about cubism. This movement was one of the clearest examples of the calls for a modern language. In his cubist approaches, Léger felt close to other artists like Gleizes, Metzinger, Derain, the Duchamp brothers, Robert and Sonia Delaunay, with whom he formed the Puteaux group,

3 Fernand Léger, 'Nouvelles', lecture in Berlin in March 1928, published in *Vartietés*, Brussels, v. 1, no. 9.

4 Fernand Léger, 'Nouvelles', ibid.

5 Fernand Léger, *Funciones de la pintura*, Cuadernos para el diálogo, Madrid, 1969.

6 Cited in Roger Garaudy, op. cit., pp. 137-138.

which took the stance of greater expressive freedom than Picasso or Braque's analytical cubism.

Albert Gleizes (1881-1953) and Jean Metzinger (1883-1956) are the authors of the essay *Du Cubisme*, regarded as the first manifesto of cubism, which was published by Eugène Figuière Éditeurs in the 'Tous les Arts' collection in Paris in 1912. It was submitted for the Salon de la Section d'Or exhibition in October 1912. The authors discuss the reflections that gave rise to the cubist movement from the artistic, not theoretical, standpoint.

They point to cubism as the most important revolution to take place in painting since the Renaissance. Until then, paintings or sculptures were representations of reality, expressed more or less realistically. But from then on, art became a translation of reality or its intellectual concept, and it did not necessarily have to bear any resemblance to the initial model. Therein lay some of the ideas driving Léger as well, his commitment to the present world yet adapted to modernity.

The essay, which had far-reaching repercussions and was translated into English and Russian, was illustrated with images by different artists organised according to when they joined the movement. Thirty-five years later, in 1947, *Du Cubisme* was reissued accompanied by eleven prints, six etchings, two aquatints and three drypoints. Even though they had been made in the 1920s, they were not printed and published until 1947.

World War I had a brutal impact on Léger, who was mobilised, and after some time on the battlefield he ended up in the hospital. As a sapper in the corps of engineers, his work was related to artillery. The war revealed a twofold vision: on the one hand the machine, and on the other the man who handles it and ends up destroyed by it. The horror he experienced profoundly affected him, and he considered how to compensate for the tragedy and how to survive the post-war.

'After four years of paroxysm, modern man finds himself in a social situation that is not peace [...] The economic war offers no truce. It is a state of war as merciless as the other one. As long as economic evolution does not give man the equilibrium he wants, as long as he is the victim of machines instead of their beneficiary, we will continue to witness this everyday spectacle of people pushing on the public transport to get to work, in collective dining halls, and at night rushing out to a spectacle that allows them to forget their exhaustion. They are attracted to it like moths to the light, fascinated [...] With a kind of drunkenness situated between the drunkenness of the task and the drunkenness of drugs; and with a dark yet indisputable yearning for beauty. What do we have to throw to them to meet this enormous demand?'[7]

It is the era of his mechanical period; he seizes upon the structure and geometric parts of the machine; the colours are brilliant and gradually become milder. Depictions of the human face appear, which forces him to use volume; his previously dynamic works become static. He makes it glaringly clear: 'I needed to rest, to breathe a little. After the dynamism of the mechanical period, I felt the need for the staticness of large faces, which I've brought to my work later. Before I had broken up the human body, and then I set out to reassemble it and seek the face again. From that time on, I've used the human figure; it developed later, slowly, towards a more realistic, less schematic, image.'[8]

During World War II, the artist, in exile in America, taught classes at different universities, became affiliated with the Communist Party and painted murals, and as soon as he returned to France, driven by the thoughts of creating an art for everyone, he got involved in numerous projects in the public sphere. He created works on popular themes, leisure and entertainment, prominent among them the circus, the complete spectacle, the metaphor of life.

Léger created his own universe linked to the land and nature, to both tradition and modernity and the machine. A world with modern man at its centre, everyman, the man who works and has fun, a colourful man imbued with the spirit of his time.

Order in all Aspects of Life Léger always had a profound commitment to society. He proclaimed that his main objective was to work so that less educated people, or those with fewer opportunities, could have a way to a better life through art.

7 Fernand Léger, 'Le spectacle', op. cit.
8 Georges Bauquier, *Fernand Léger. Sa vie son oeuvre son rêve*, Edizioni Apollinaire, Milan, 1971.

Based on this axiom, the need for order extended to all aspects of everyday life, transcending painting and taking it to other artforms with a broader dissemination and societal scope: urban planning, architecture, film, advertising, etc. If nothing of the world around them was to be alien to Léger and his cohort, creativity could not be constrained either. Ideas, expressed in all expressive languages, are there to serve humanity. Social commitment speaks in thousands of shapes and colours.

Along with Le Corbusier, Josep Lluís Sert, Alvar Aalto and other architects, Léger was a member of the Union des Artistes Modernes, a movement which preached a new way of life, better and more universal. He also participated in the International Congresses of Modern Architecture, whose objectives included determining the real issues of architecture and studying its renovation with a keen eye on social issues.

As the builders of the modern world, they wanted to improve ways of life in general, particularly those of workers. By creating a spacious, airy architecture with leisure zones, the workplace could be a pleasant space, 'places that neither enclose man nor limit his possibilities but, contrariwise, allow him to develop himself fully'.[9] This is humanism within the working world, following artistic inspiration.

Léger also bore the mark of ballet. In the early 1920s, the artist decorated the sets of Rolf de Maré and Jean Börlin's Ballets Suédois production *Skating Rink* by Honegger and *La création du monde* by Darius Milhaud. It was a revelatory experience as he had to combine painting and dance, or counter the dancers' mobility with the immobility of the sets.

However, Léger's interests did not end there, as he had a holistic vision of the human experience that is life. What today we call a comprehensive vision is at the root of this French artist's gaze and makeup. Thus, he considered film a medium that was capable of reaching everyone, unlike theatre, which was targeted at a narrower sector: film is young, modern, free and unsaddled by tradition. Herein lies its strength. It spreads to all corners of the neighbourhood, like kids, like taverns. It's on the street, with life, on shirtsleeves.'[10] Léger's searching eye was always cast towards the avant-gardes and easily assimilated the present without ceasing to look at the future looming ahead.

Everything interested him; the big and the small merged into the category of the necessary. Because art and its companion, colour, were part of the essential. Art understood as an essential part of life, not as a supplementary aspect. Art not as adornment but as a fundamental element in the organisation of reality. Life and art, art and life, mixed in that harmony perennially sought by this brilliant Norman, dazzled by Paris and machines, and a child of his time.

9 Brigitte Hedel-Samson, 'Fernand Léger, artista moderno heredero de una tradición, constructor del futuro pero fiel al pasado', in *Fernand Léger*, exhibition catalogue, Fundació Joan Miró, Barcelona, 2003, p. 179.
10 Fernand Léger, *Funciones de la pintura*, *op. cit.*

Du Cubisme, 1912-1947

Albert Gleizes/Jean Metzinger
Eugène Figuière Éditeurs, 1912 (1.ª ed.)
Compagnie Française des Arts Graphiques, 1947
201×255 mm

Du Cubisme es un ensayo que está considerado como el primer manifiesto estético del cubismo. Escrito por los pintores Albert Gleizes y Jean Metzinger, se presenta en el Salon de la Section d'Or en octubre de 1912, y se reedita en 1947 con una introducción de Gleizes y un epílogo de Metzinger. Los autores, partiendo de la premisa de que la pintura es siempre una actividad reflexiva, exponen las ideas y pensamientos que están en el origen del movimiento cubista. Lo hacen desde el punto de vista del artista, no como lo haría un estudioso o un académico. El ensayo, ilustrado con imágenes de distintos autores, tuvo gran repercusión y se tradujo a varios idiomas. En la reedición de 1947 el texto se acompaña de once estampas, seis aguafuertes, dos aguatintas y tres puntas secas de Fernand Léger, Pablo Picasso, Jacques Villon, Francis Picabia, Jean Metzinger, Marie Laurencin, Juan Gris, Albert Gleizes, Marcel Duchamp, André Derain y Georges Braque; aunque se elaboraron durante la década de los veinte, no se estamparon y publicaron hasta 1947.

Du Cubisme is an essay that is considered the first aesthetic manifesto of cubism. Written by the painters Albert Gleizes and Jean Metzinger, it was unveiled at the Salon de la Section d'Or in October 1912 and reissued in 1947 with an introduction by Gleizes and an epilogue by Metzinger. Starting with the premise that painting is always a reflective activity, the authors outline the ideas and thoughts at the root of the cubist movement from the standpoint of the artist, not from a scholarly or academic vantage point. The essay, which is illustrated with images by different artists, gained great renown and was translated into several languages. In the 1947 reissue, the text was accompanied by eleven prints, six etchings, two aquatints and three drypoints by Fernand Léger, Pablo Picasso, Jacques Villon, Francis Picabia, Jean Metzinger, Marie Laurencin, Juan Gris, Albert Gleizes, Marcel Duchamp, André Derain and Georges Braque. Although they had been created in the 1920s, they were not printed and published until 1947.

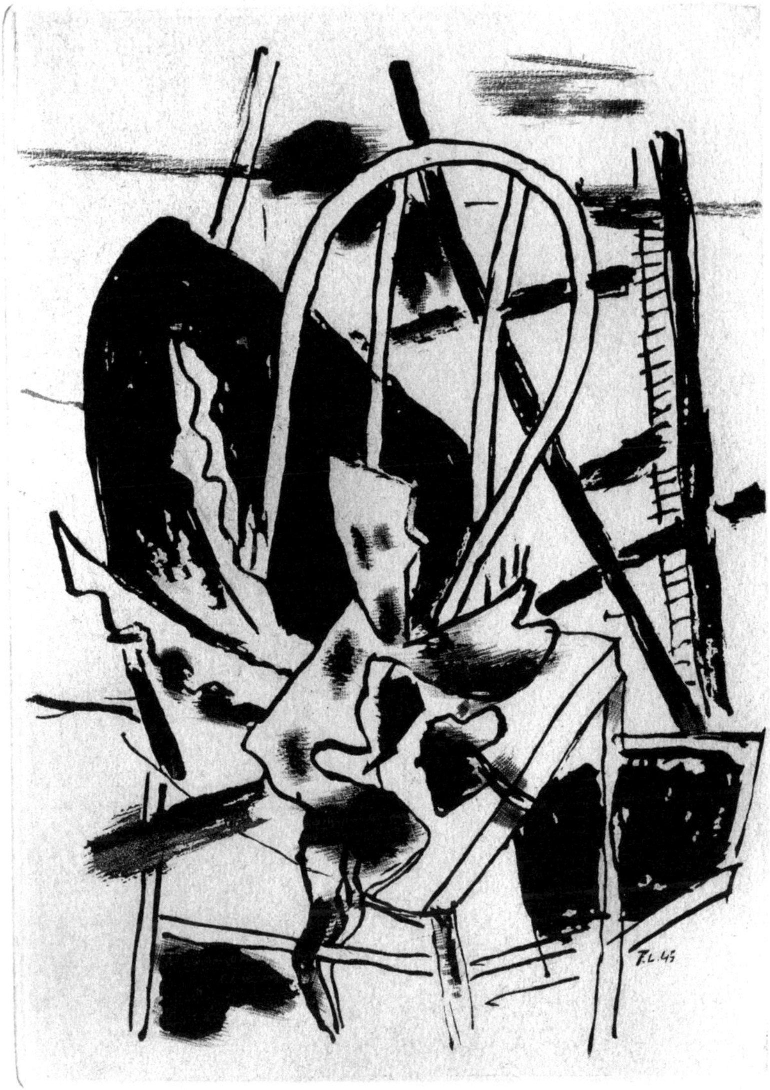

Fernand Léger. *Sin título / Untitled*, 1947
Aguatinta/Aquatint

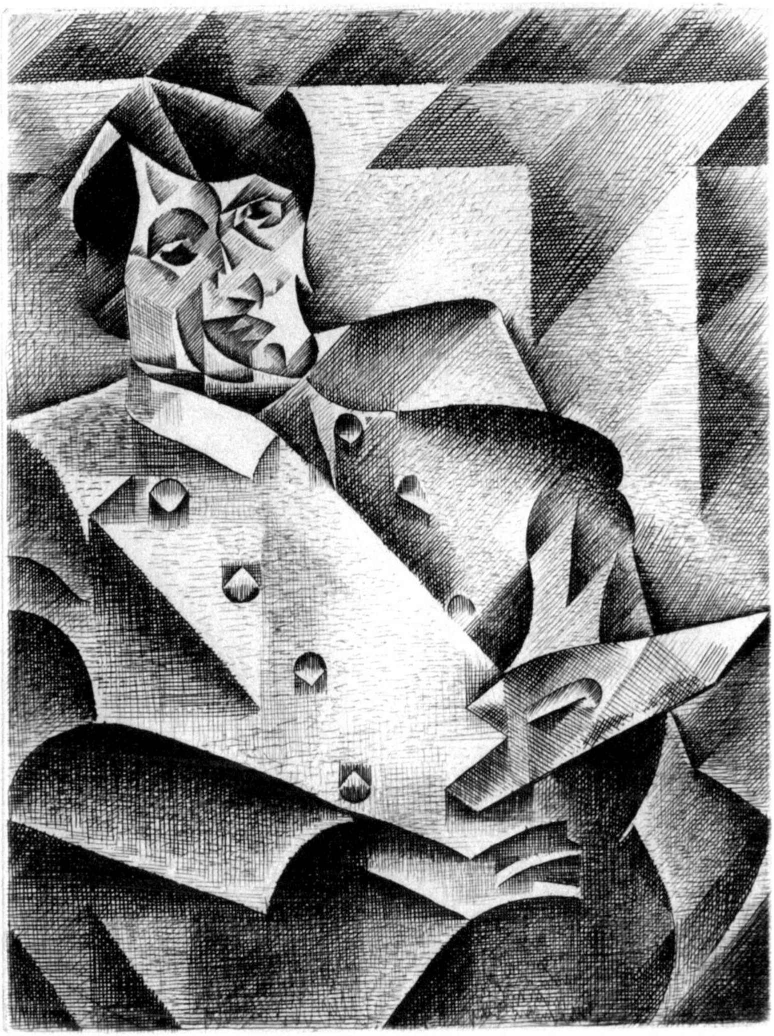

Juan Gris. *Retrato de Picasso / Portrait of Picasso*, 1947
Aguafuerte y punta seca/Etching and drypoint

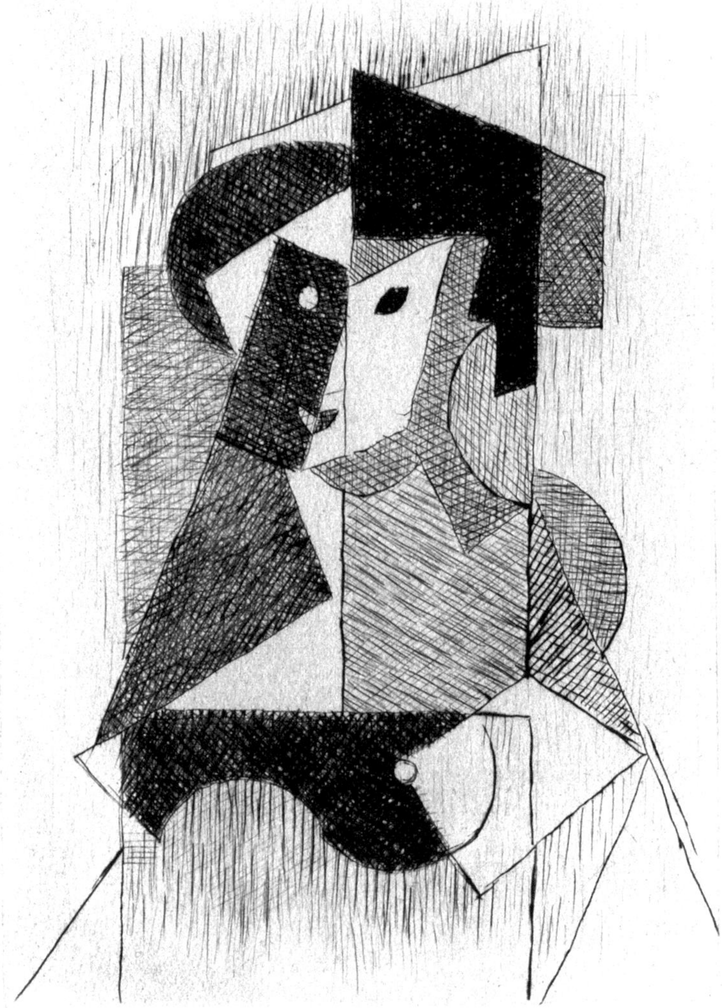

Jean Metzinger. *Sin título / Untitled*, 1947
Punta seca/Drypoint

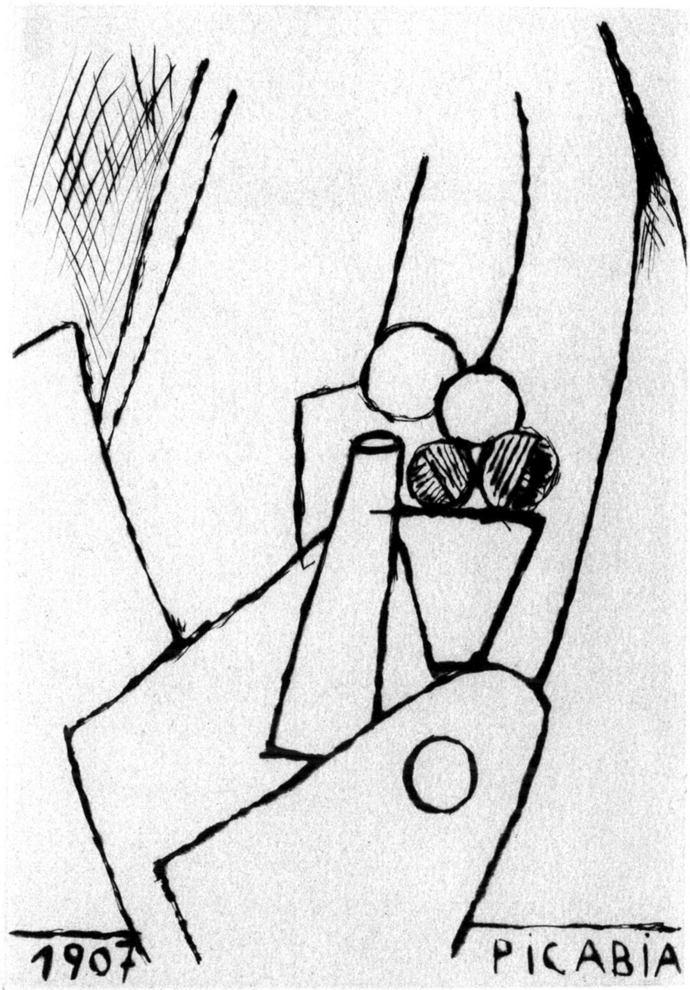

Francis Picabia. *Naturaleza muerta/Still life*, 1947
Punta seca/Drypoint

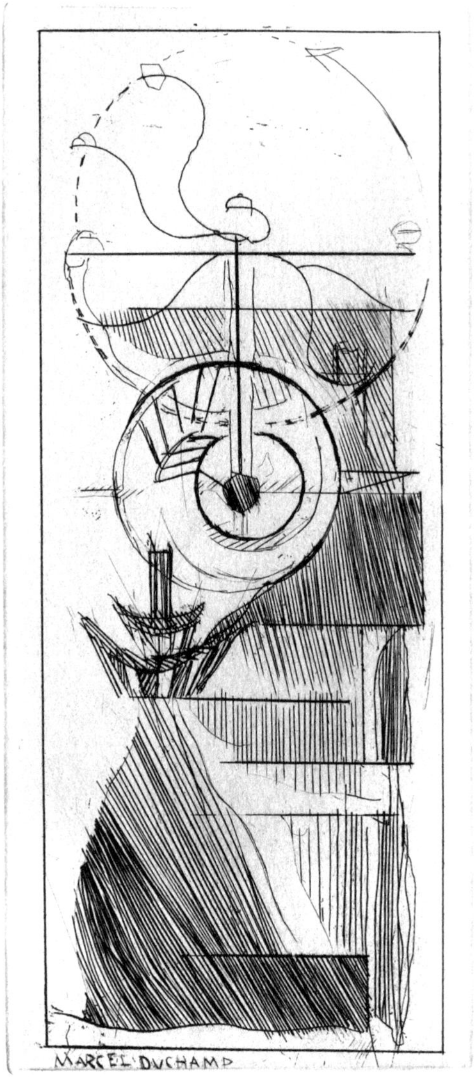

Marcel Duchamp. *Molinillo de café*/*Coffee Mill*, 1947
Aguafuerte/Etching

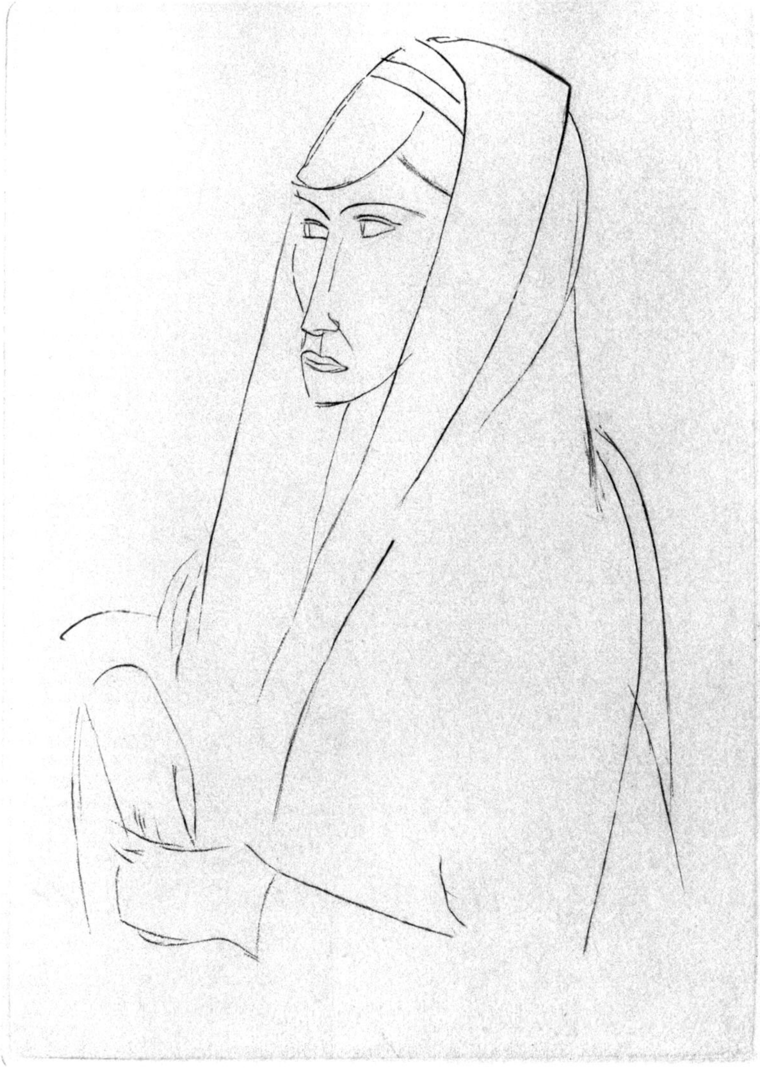

André Derain. *Estudio femenino / Female Study*, 1947
Aguafuerte y buril/Etching and burin

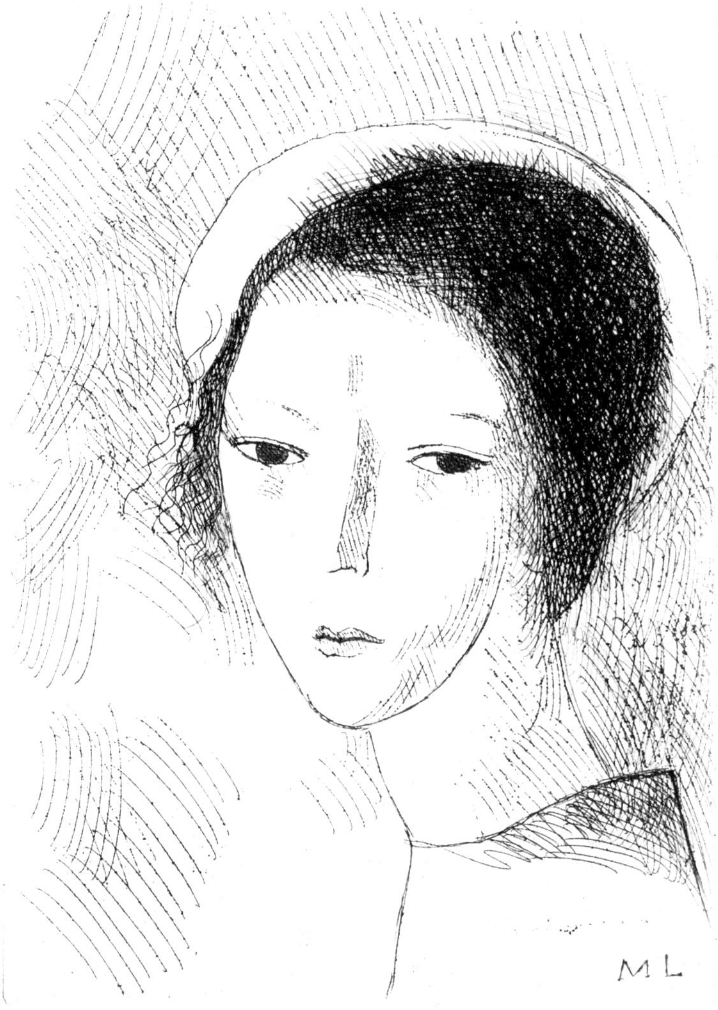

Marie Laurencin. *Estudio femenino/Female Study*, 1947
Aguafuerte/Etching

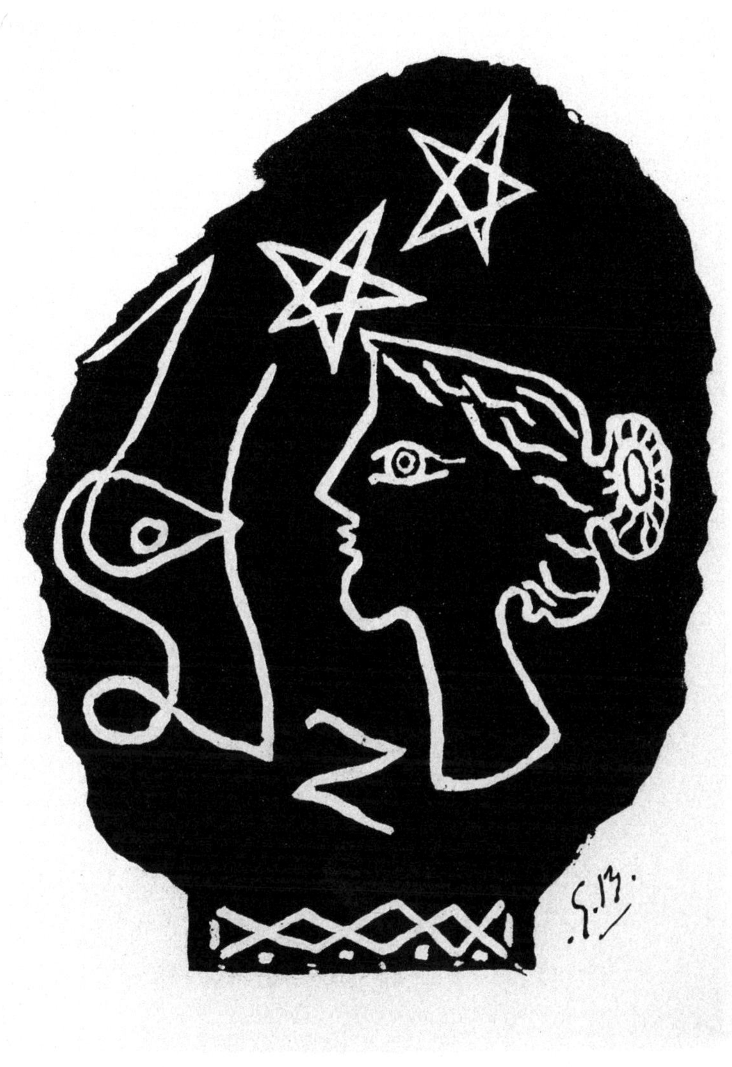

Georges Braque. *Sin título / Untitled*, 1947
Aguatinta y buril/Aquatint and burin

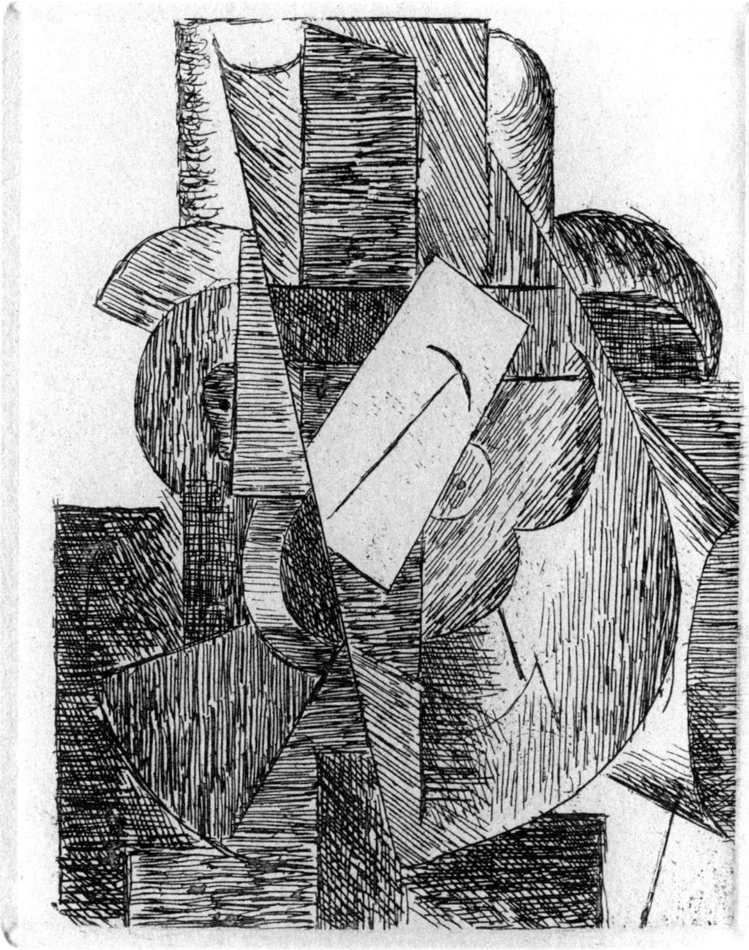

Pablo Picasso. *Hombre con sombrero/Homme au Chapeau*, 1947
Aguafuerte/Etching

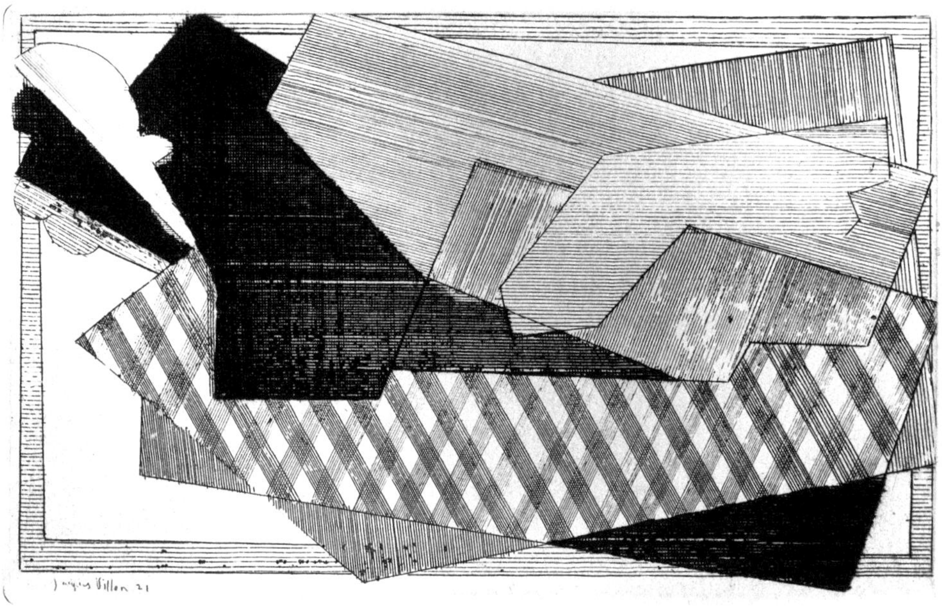

François Villon. *Composición/Composition*, 1947
Aguafuerte/Etching

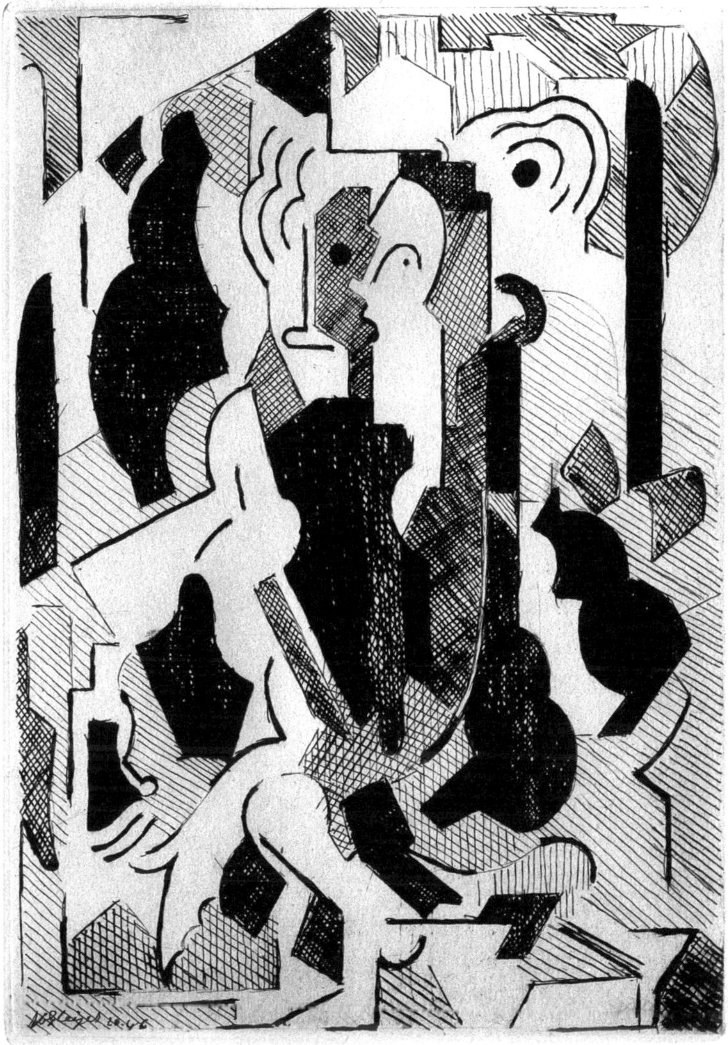

Albert Gleizes. *Sin título / Untitled*, 1947
Punta seca/Drypoint

Les Illuminations, 1949

Arthur Rimbaud
Louis Grousclaude, Éditions des Gaules, 1949
Litografías/Litographs
250×330 mm

Les Illuminations es el título de una colección de poemas en verso libre y prosa compuesta por Arthur Rimbaud entre 1872 y 1875, publicados parcialmente en *La Vogue* en primavera de 1886, y como libro en octubre del mismo año. Léger hace una selección de estos poemas y realiza una edición con quince litografías y prefacio de Henry Miller: «Voici le temps des assassins». La colección se inicia con un retrato de Rimbaud basado en el realizado por Étienne Carjat en el mes de octubre de 1871, cuando conoció a Verlaine.

Les Iluminations is the title of a collection of poems in free verse and prose composed by Arthur Rimbaud between 1872 and 1875. It was partly published in *La Vogue* in the spring of 1886 and as a book in October of the same year. Léger made a selection of these poems and published them with 15 lithographs and a preface by Henry Miller: 'Voici le temps des assassins'. The collection begins with a portrait of Rimbaud based on the one made by Étienne Carjat in October 1871, when he met Verlaine.

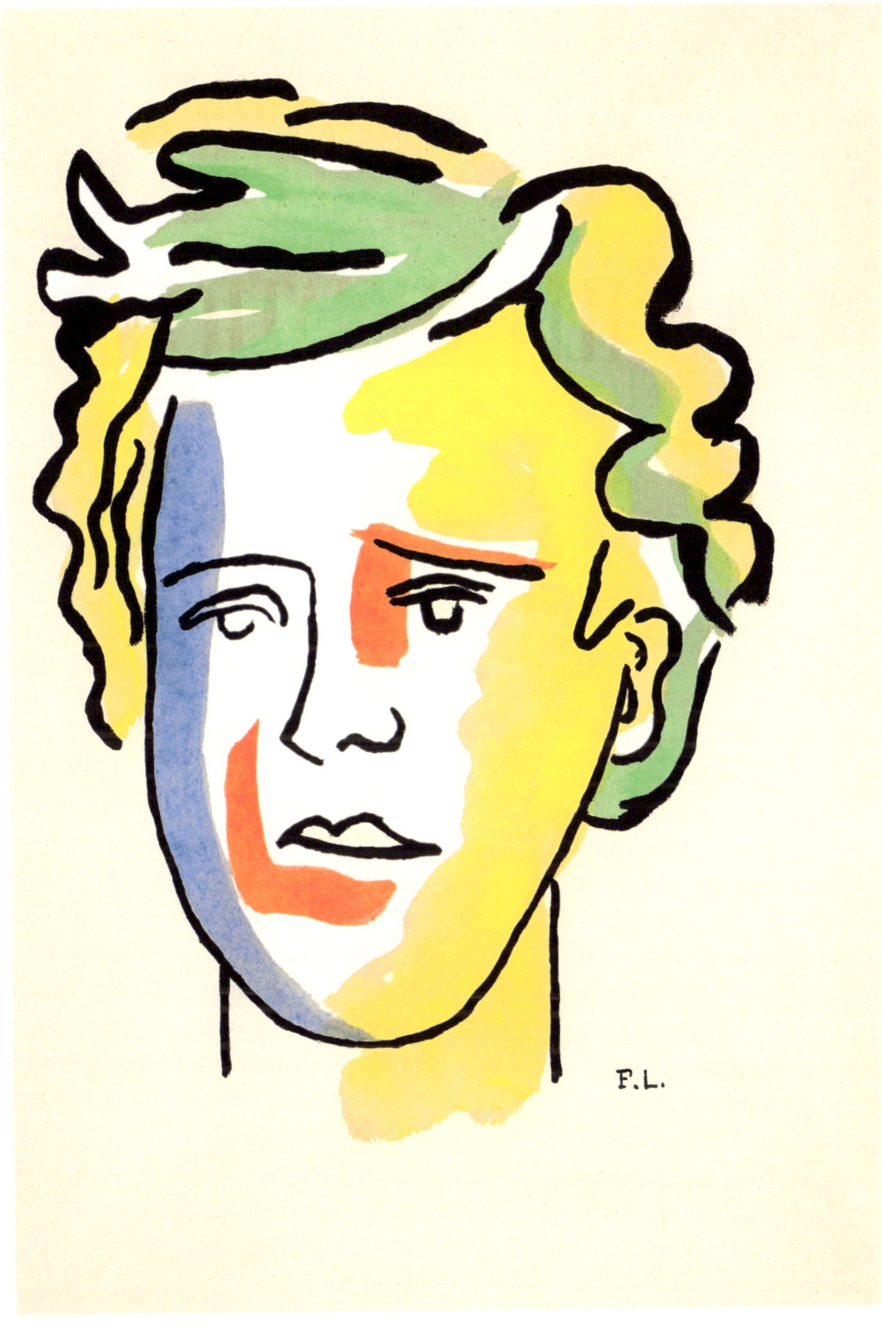
F.L.

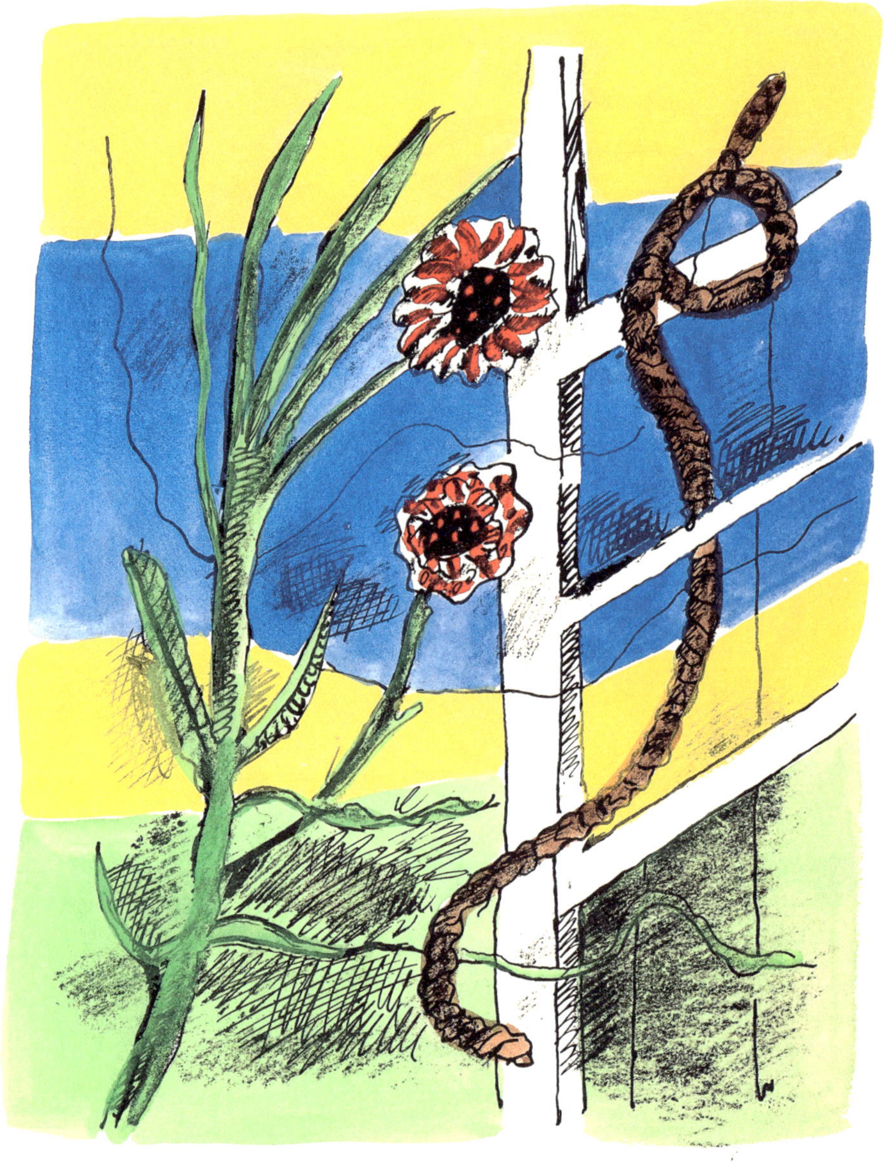
F.L

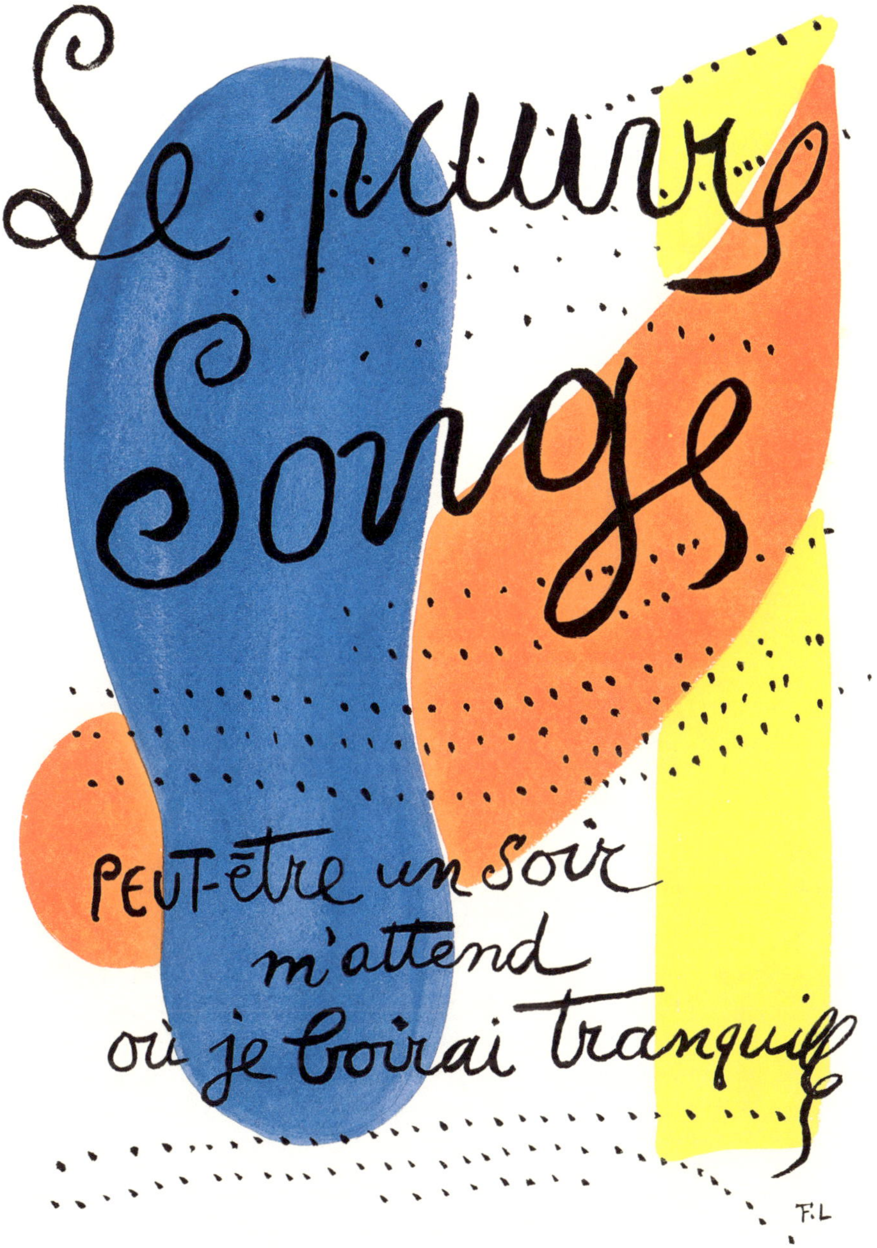
Le pauvre
Songe
PEUT-être un soir
m'attend
où je boirai tranquille
F.L

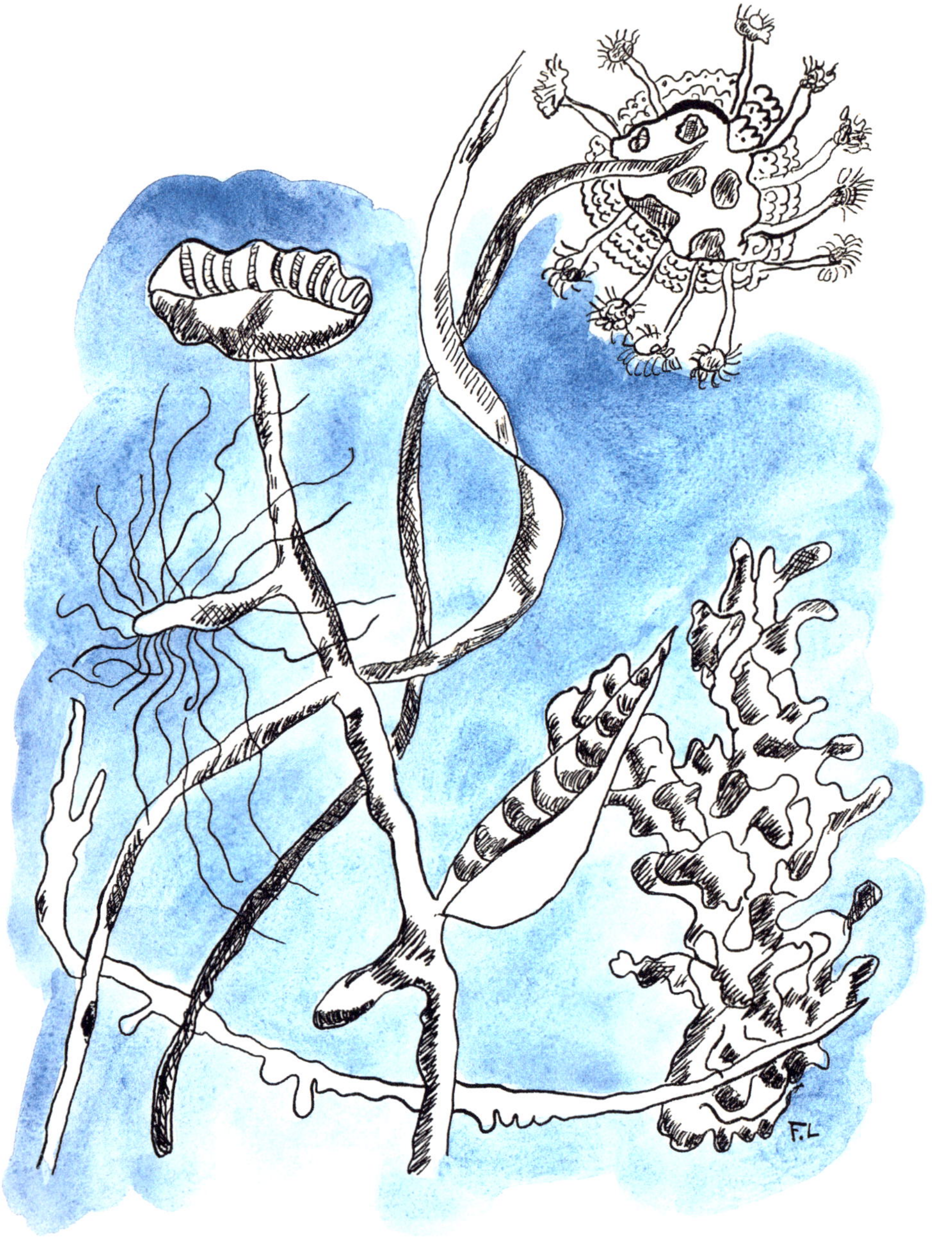
F.L

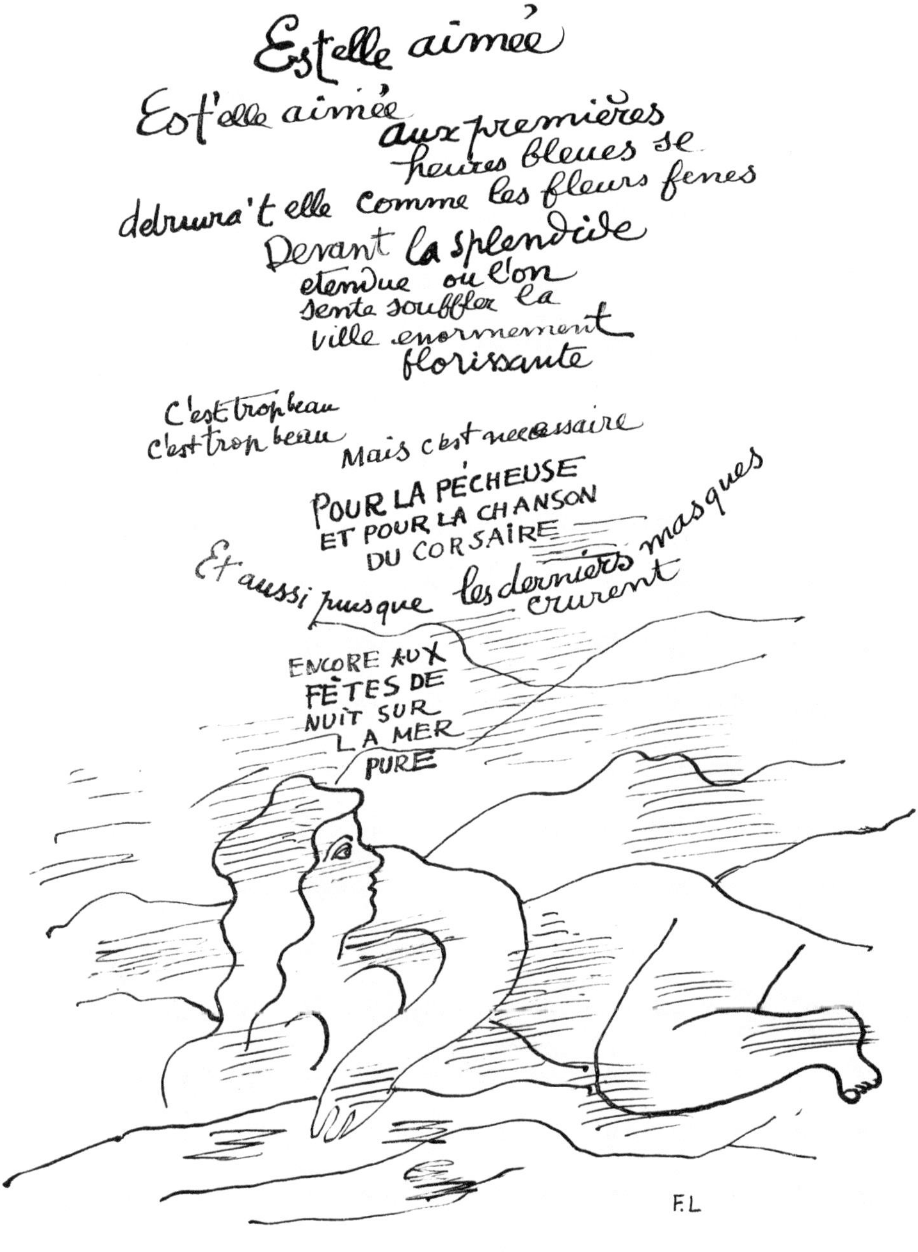
Estelle aimée
Est'elle aimée aux premières
heures bleues se
detruira't elle comme les fleurs fenes
Devant la splendide
etendue ou l'on
sente souffler la
ville enormement
florissante
C'est trop beau
C'est trop beau
Mais c'est necessaire
POUR LA PÊCHEUSE
ET POUR LA CHANSON
DU CORSAIRE
Et aussi puisque les derniers masques
crurent
ENCORE AUX
FÊTES DE
NUIT SUR
LA MER
PURE
F.L

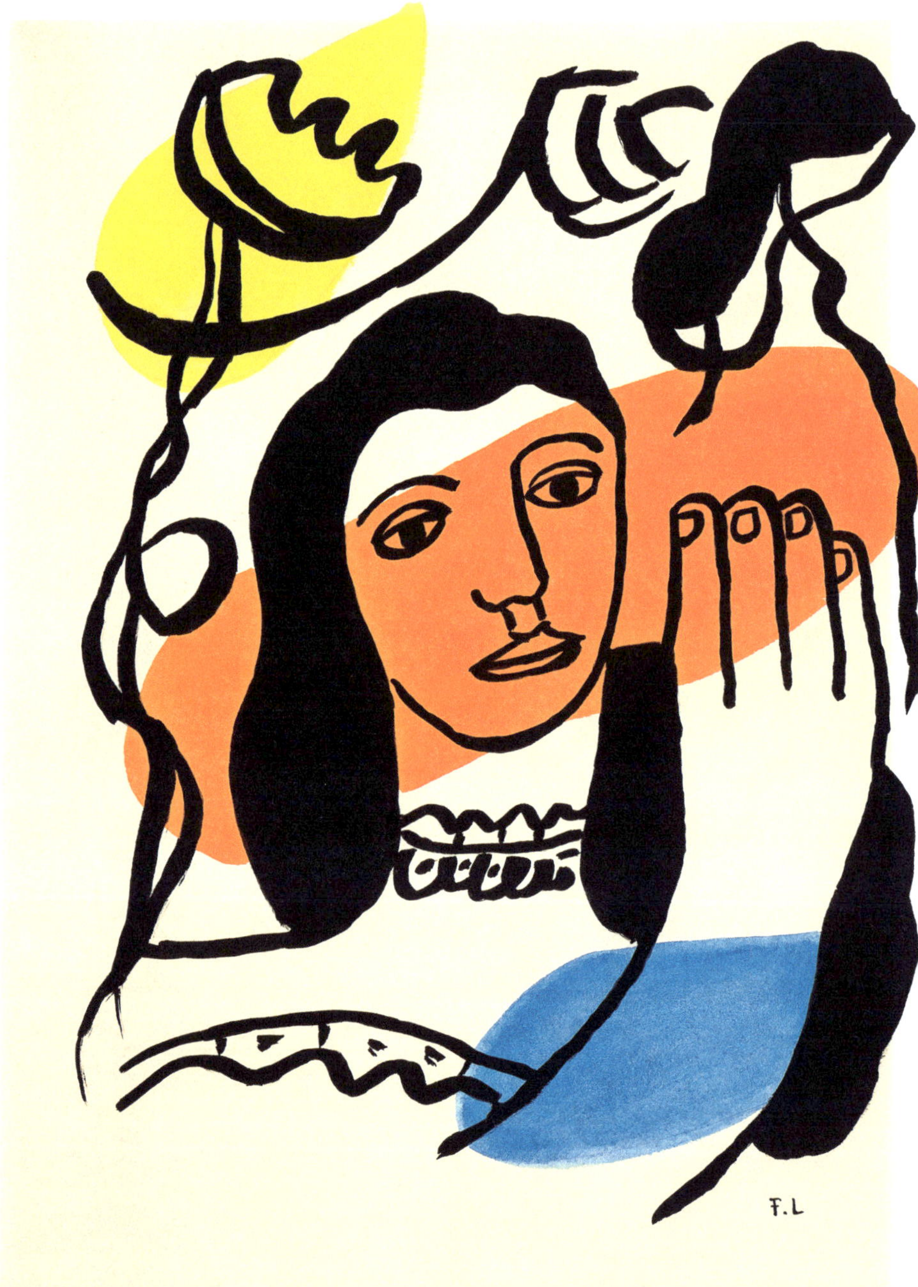
F.L

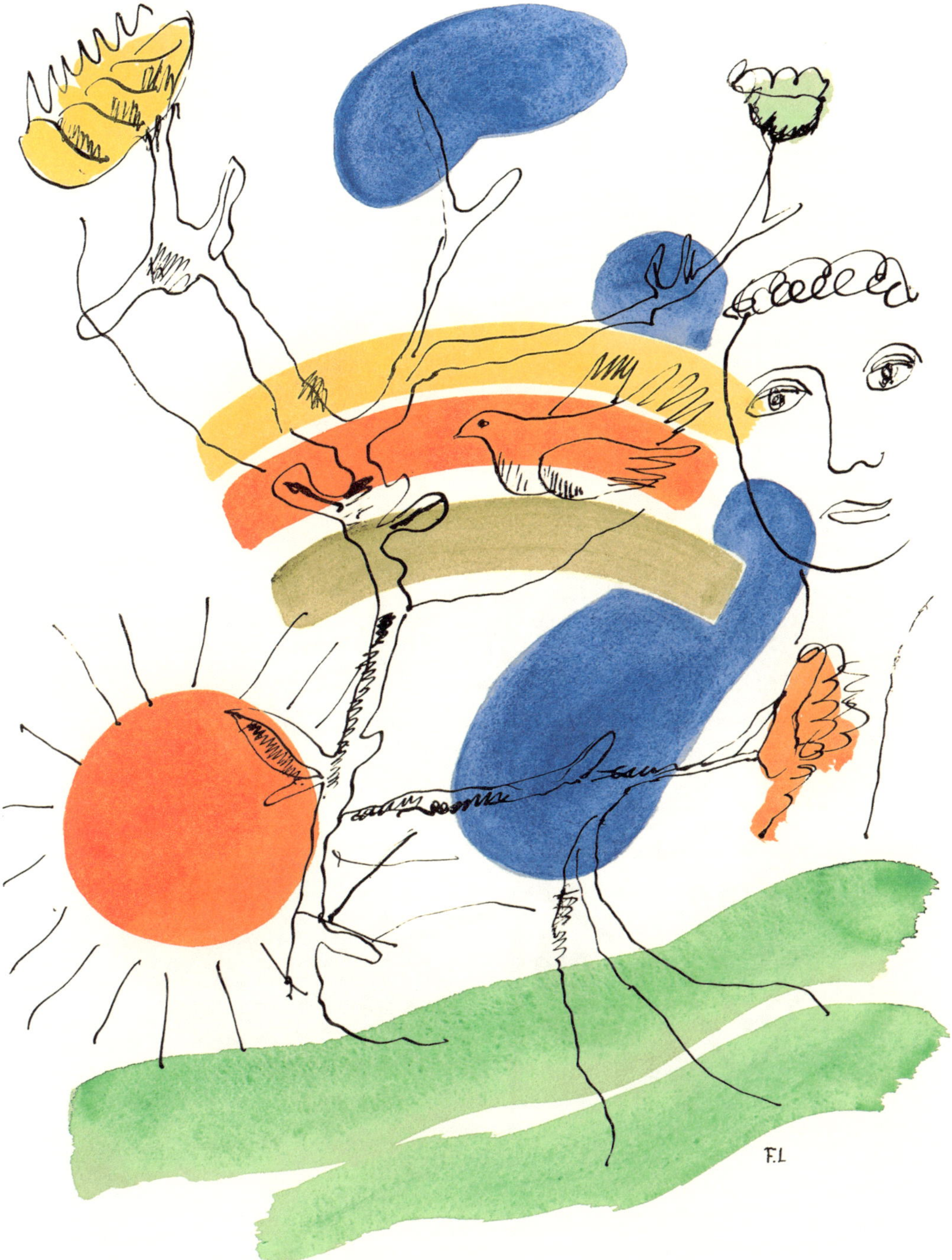
F.L

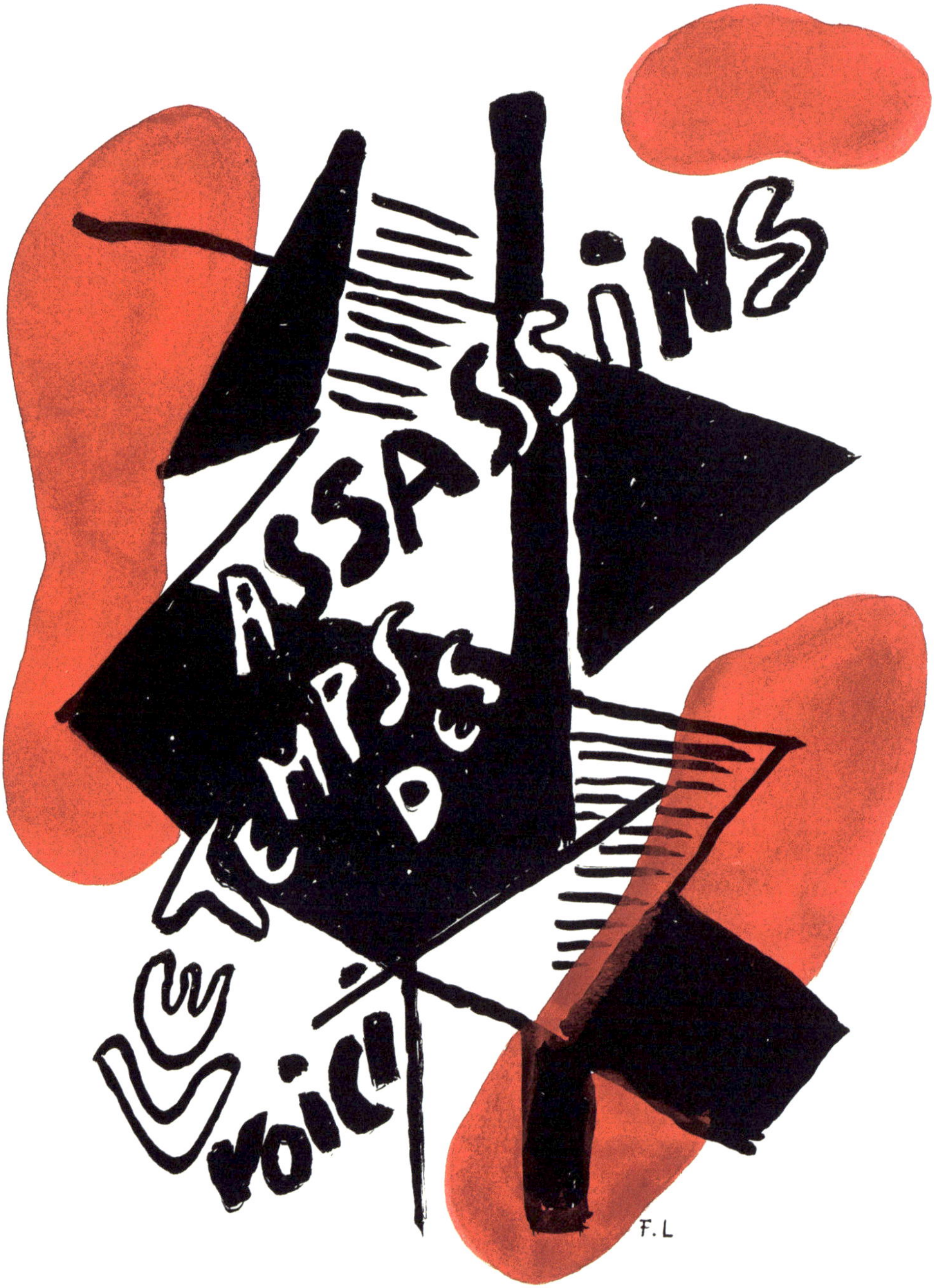
ASSASSINS
VOICI
F.L

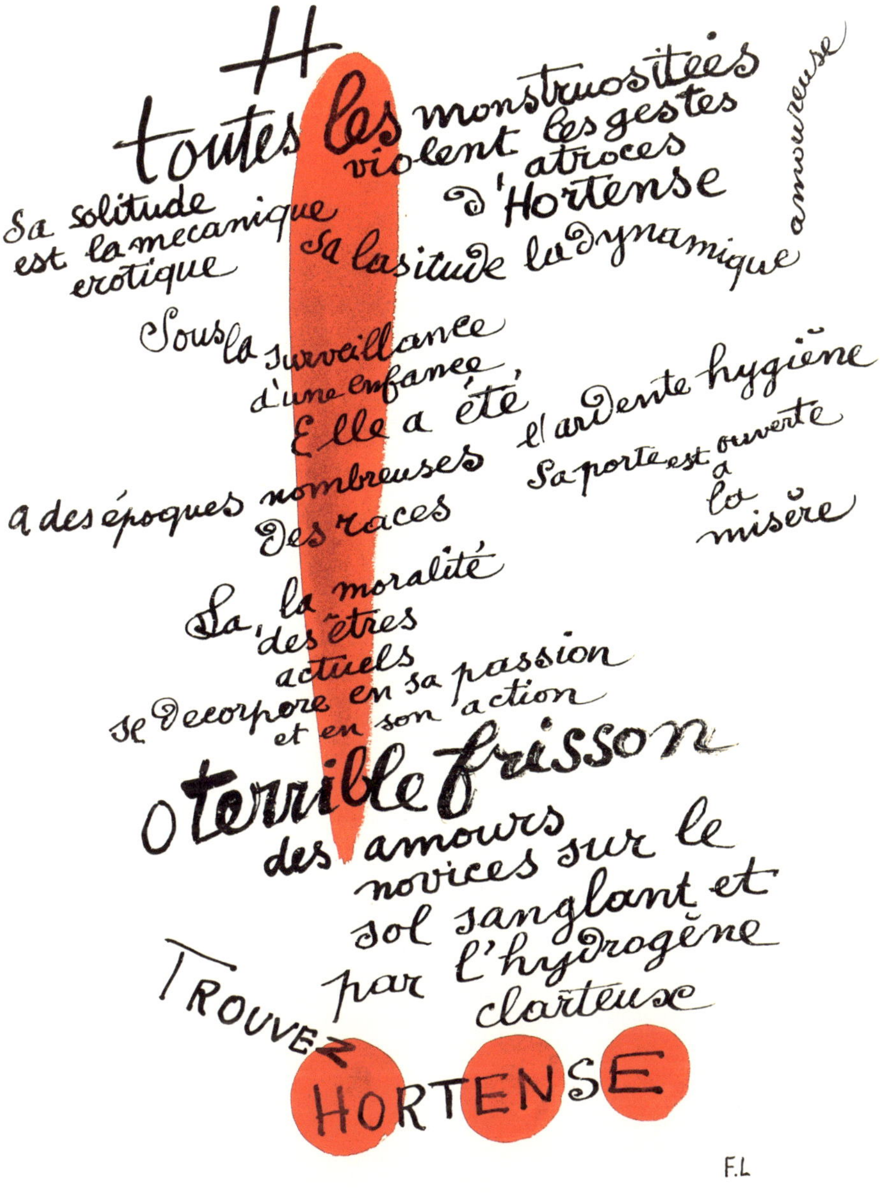
H
toutes les monstruositées
violent les gestes
atroces
d'Hortense
amoureuse
Sa solitude
est la mecanique
erotique
Sa lasitude la dynamique
Sous la surveillance
d'une enfance
Elle a été
a des époques nombreuses
Des races
l'ardente hygiène
Sa porte est ouverte
a
la
misère
Sa, la moralité
des êtres
actuels
se Decorpore en sa passion
et en son action
O terrible frisson
des amours
novices sur le
sol sanglant et
par l'hydrogène
clarteuse
TROUVEZ
HORTENSE
F.L

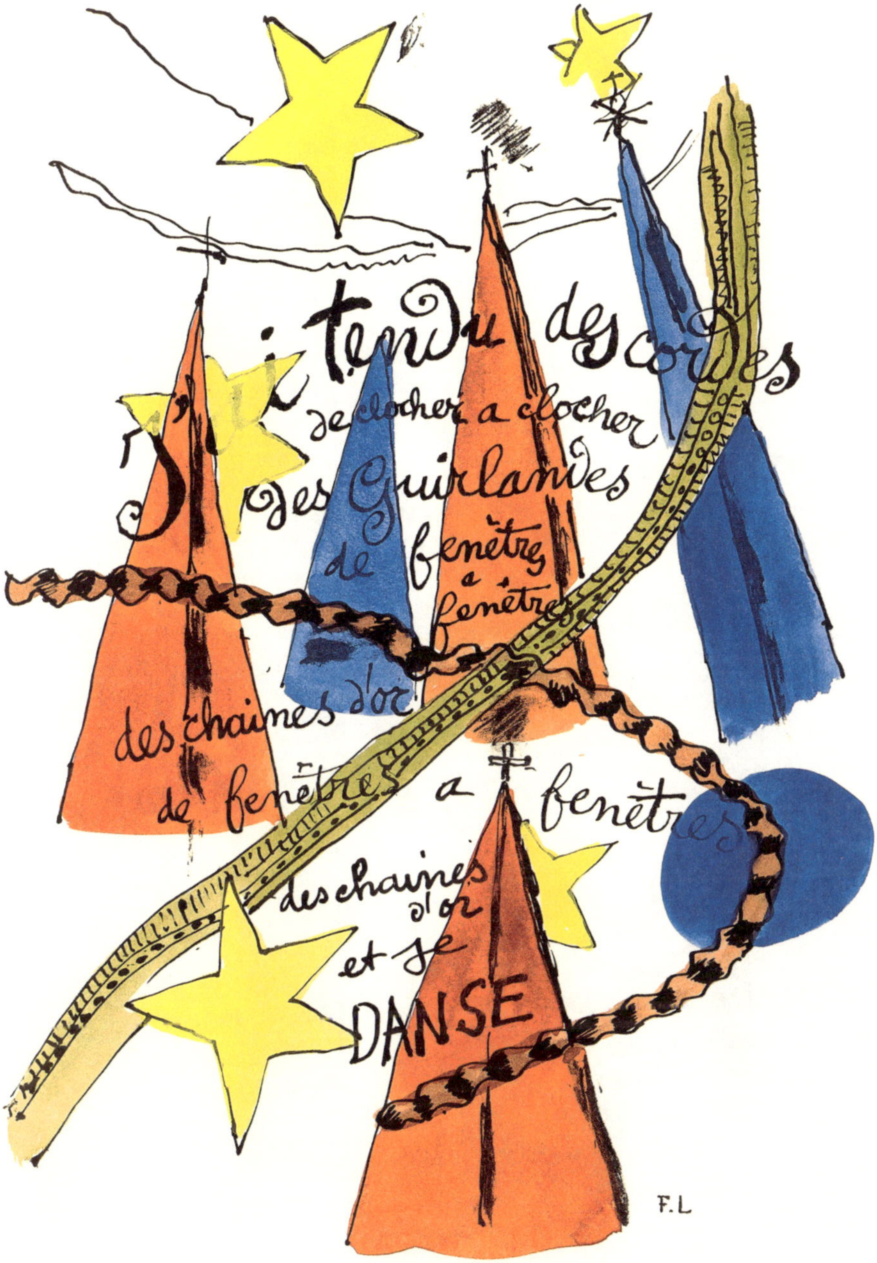
J'ai tendu des cordes
de clocher a clocher
des Guirlandes
de fenêtre
a
fenêtre
des chaines d'or
de fenêtres a fenêtres
des chaines
d'or
et je
DANSE
F.L

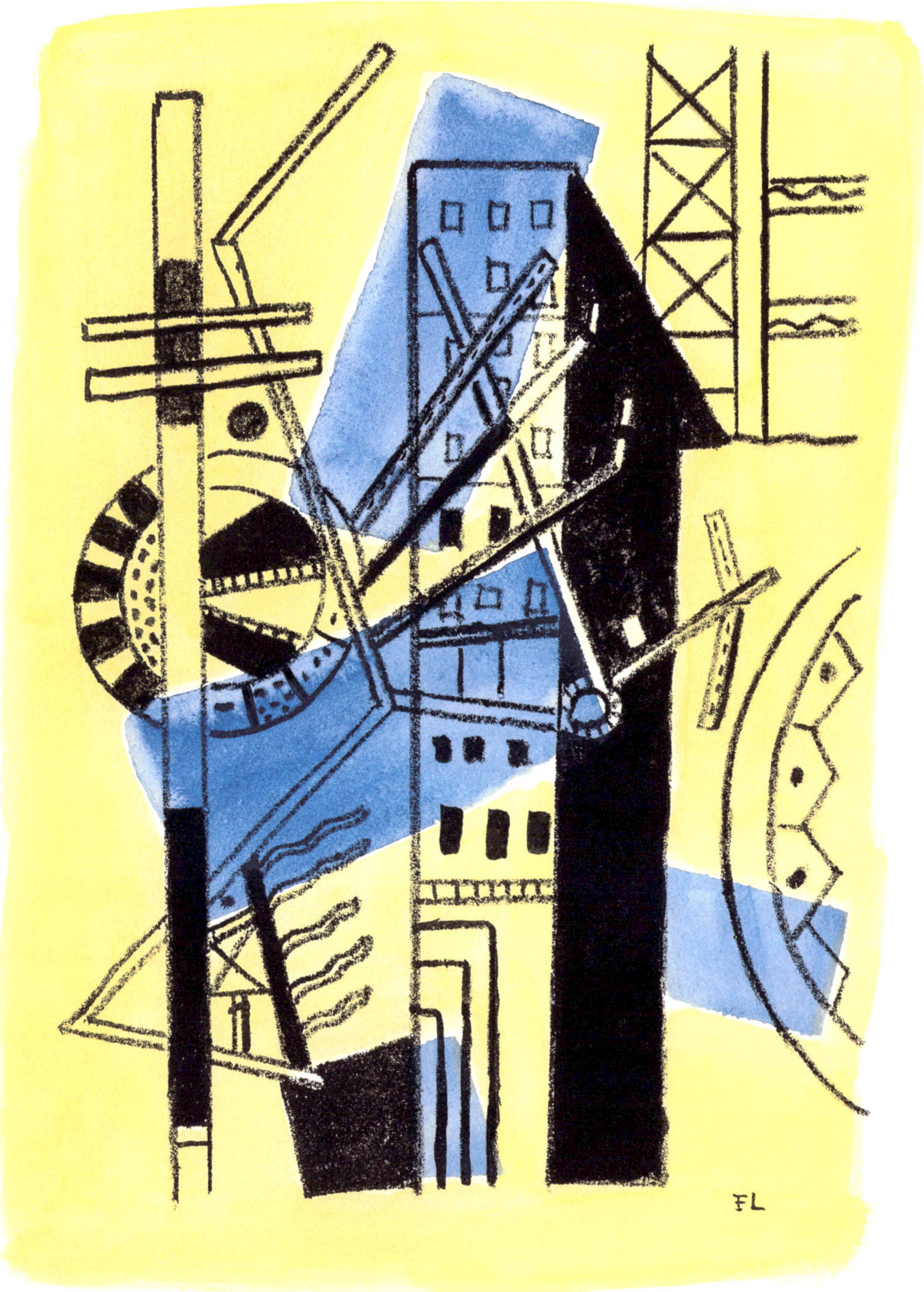
FL

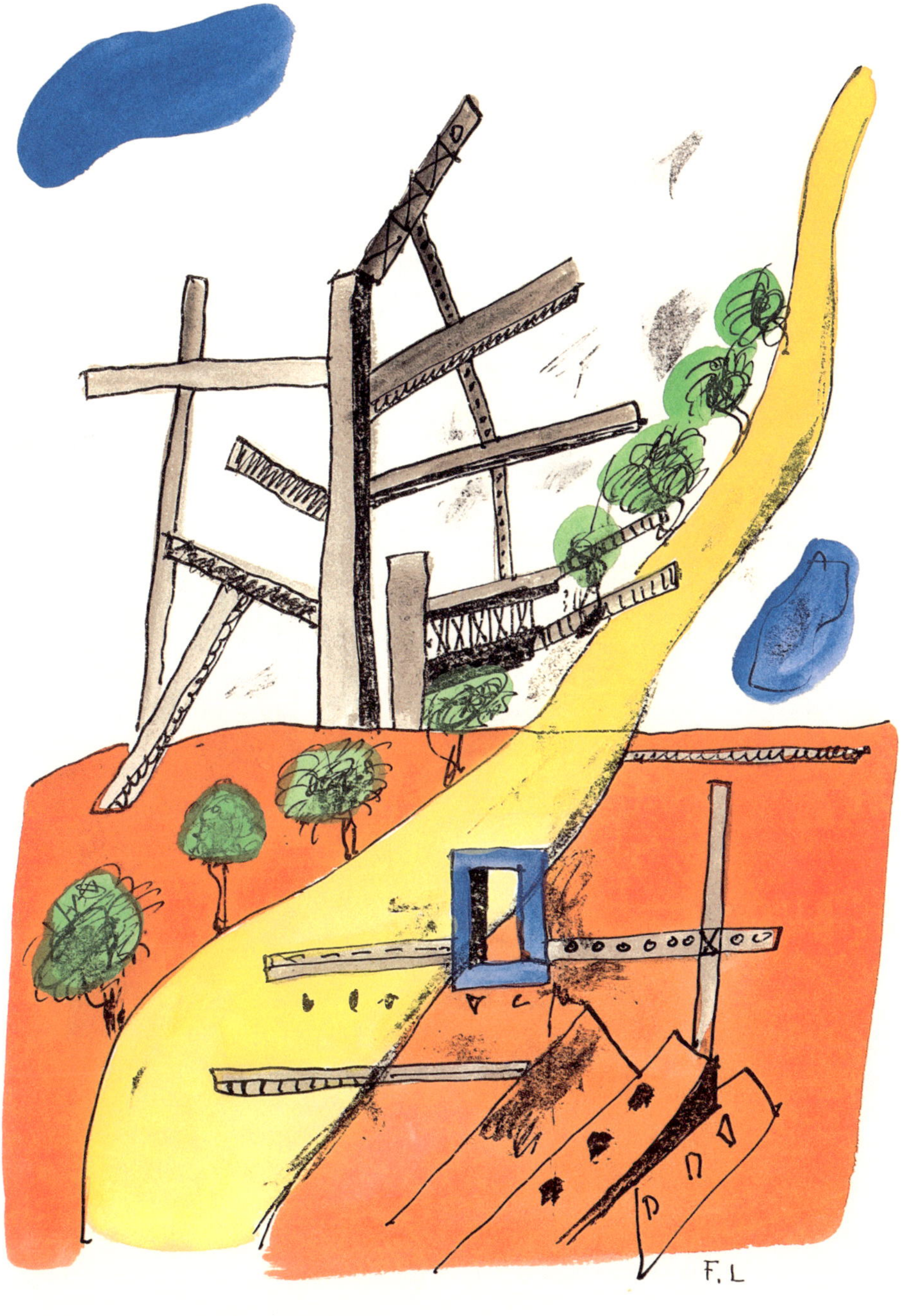
F. L

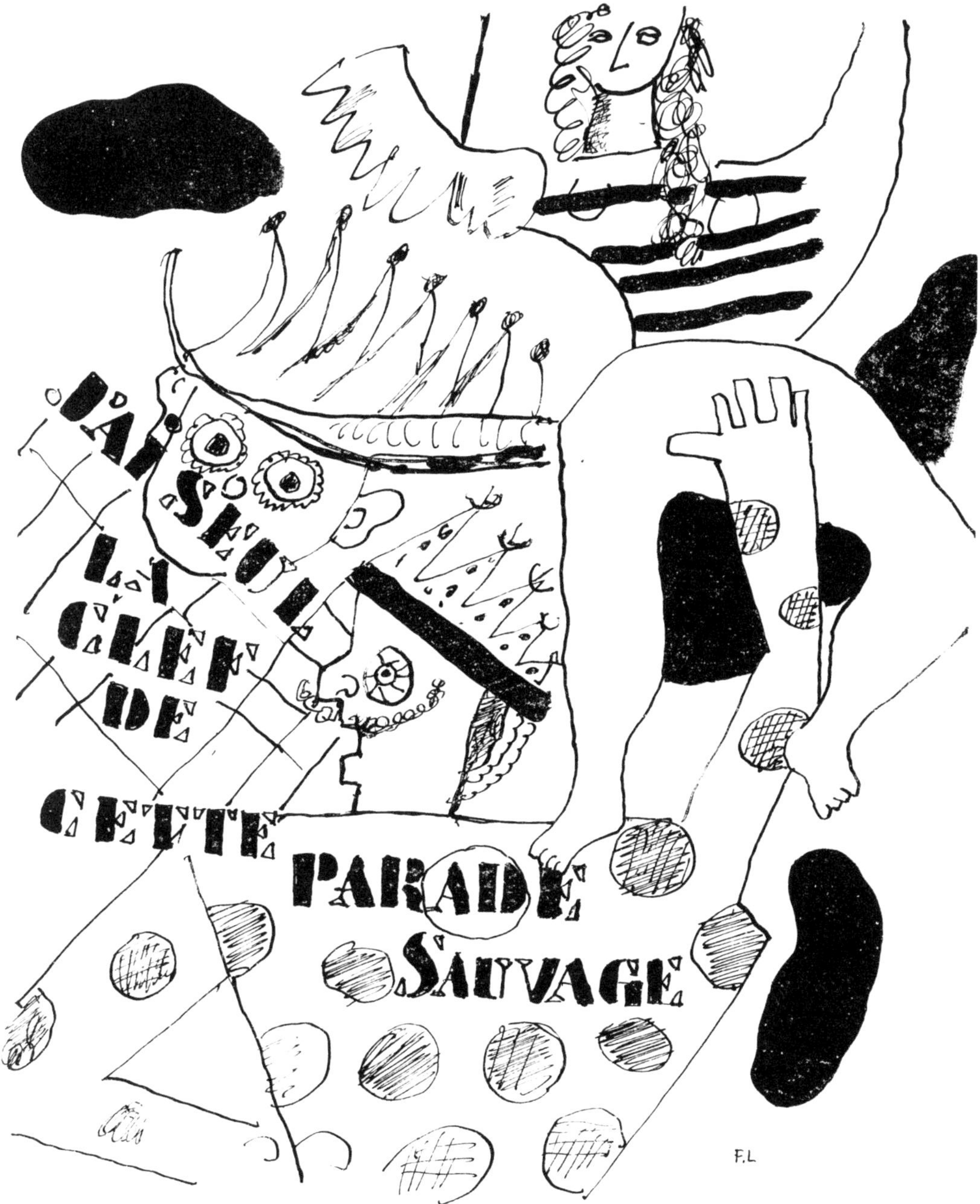
J'AI SEUL LA CLEF DE CETTE
PARADE SAUVAGE
F.L

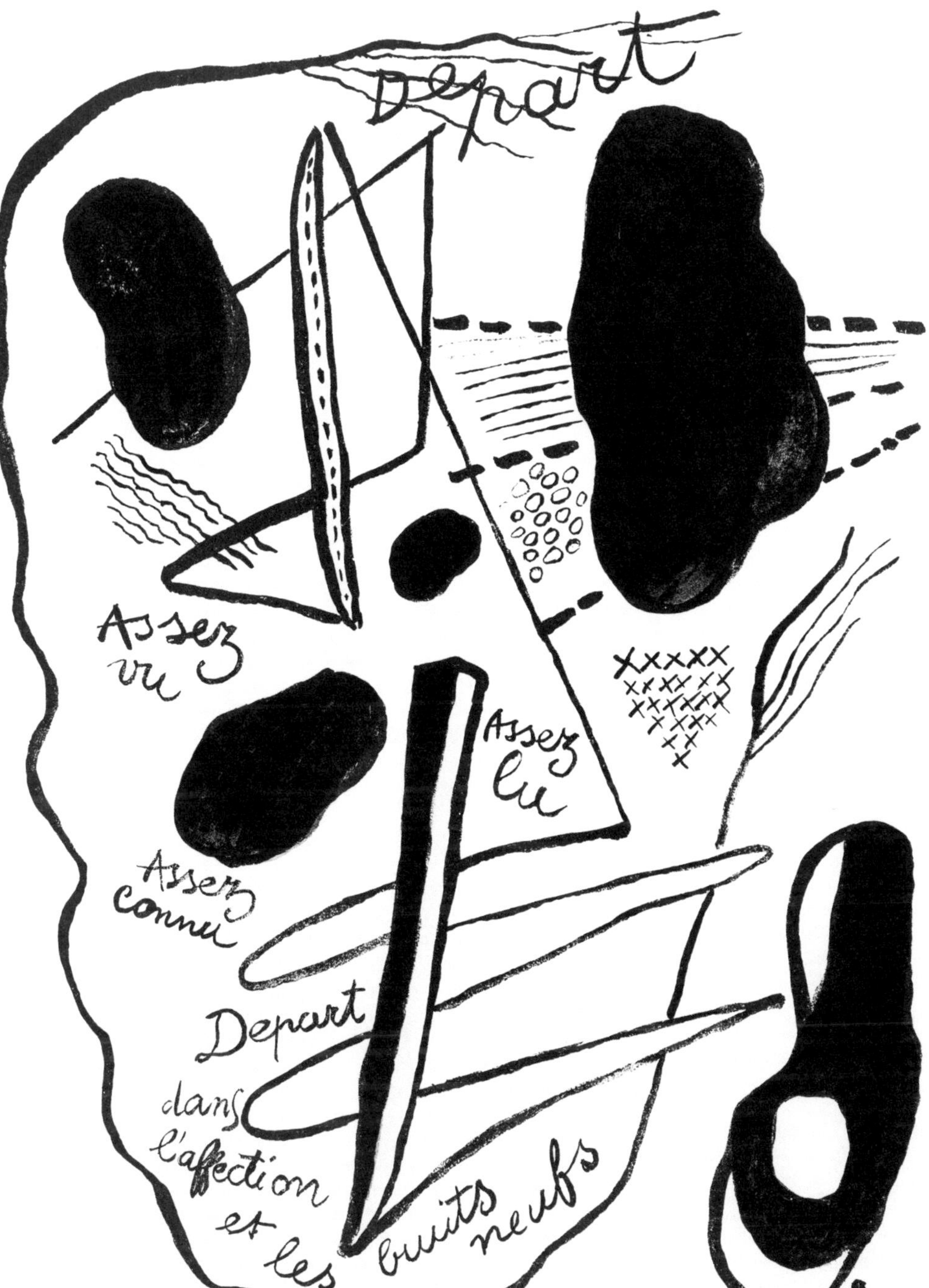
Depart
Assez vu
Assez lu
Assez connu
Depart
dans l'affection et les bruits neufs
F.L

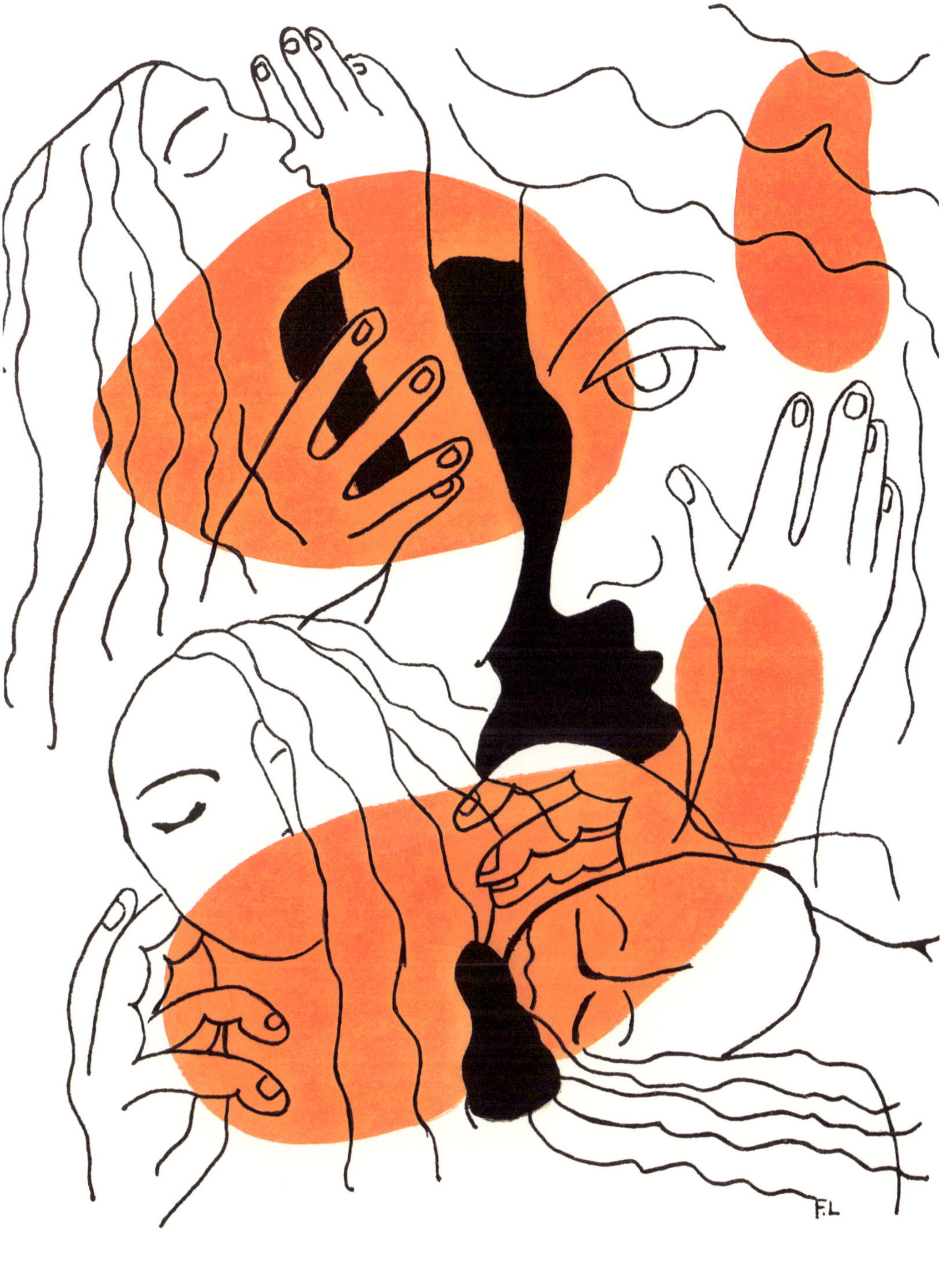
F.L

Cirque, 1950

Tériade, Les Editions Verve
Litografías/Litographs
320×420 mm

Para Léger el circo es una sucesión de formas circulares que nos permite escapar de nuestras estructuras rígidas, de nuestras vidas geométricas. El circo es el gran espectáculo, el ciclo completo, la metáfora de la vida. Esta es su invitación: «Id al circo. No hay nada más redondo que el circo. Dejáis vuestros rectángulos, vuestras ventanas geométricas y entráis en el país de los círculos en acción». El circo le fascina desde niño cuando en Argentan, entre acróbatas y payasos, soñaba con un mundo de felicidad. Es un lugar deslumbrante, lleno de luces, color, música, un mundo de diversión y libertad. A lo largo de su vida, Léger pinta acróbatas, *clowns*, domadores, malabaristas o caballos, siempre en acción; para el artista es un desafío expresar el frenético movimiento del espectáculo. Además, el circo es igualitario, en su seno la cultura, la música y las artes escénicas están al alcance del gran público. El circo representa la libertad.

Léger found the circus to be a succession of circular forms that enable us to escape from rigid structures, from our geometric lives. A circus is a great spectacle, a complete cycle, a metaphor of life. This is his invitation: 'Go to the circus. There is nothing rounder than the circus. Leave behind your rectangles, your geometric windows and enter the country of circles in action.' The circus fascinated him since he had dreamt of a world of happiness amidst acrobats and clowns as a child in Argentan. It is a dazzling place full of lights, colour, music... a world of fun and freedom. Throughout his life, Léger painted acrobats, clowns, lion tamers, jugglers and horses, always in action; the artist found it a challenge to express the frenzied movement of the spectacle. Plus, the circus is egalitarian; it brings culture, music and the performing arts to the public at large. The circus represents freedom.

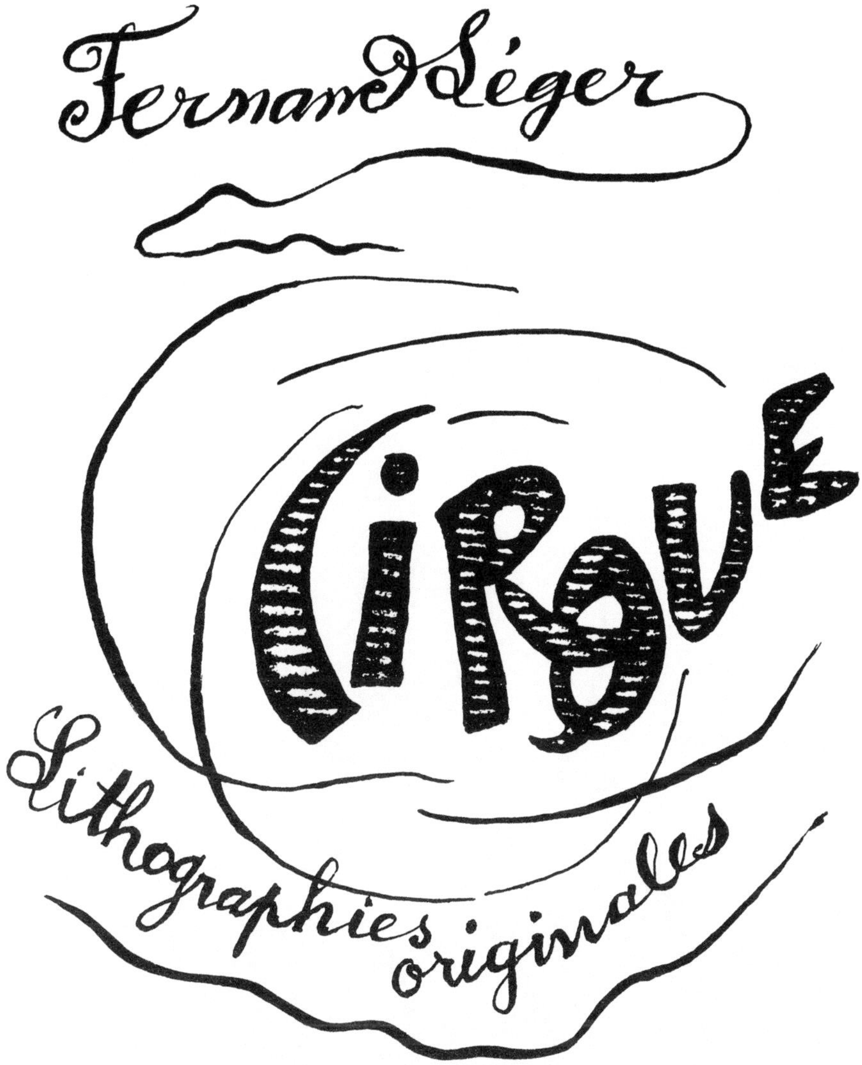
Fernand Léger
Cirque
Lithographies originales
Tériade Editeur

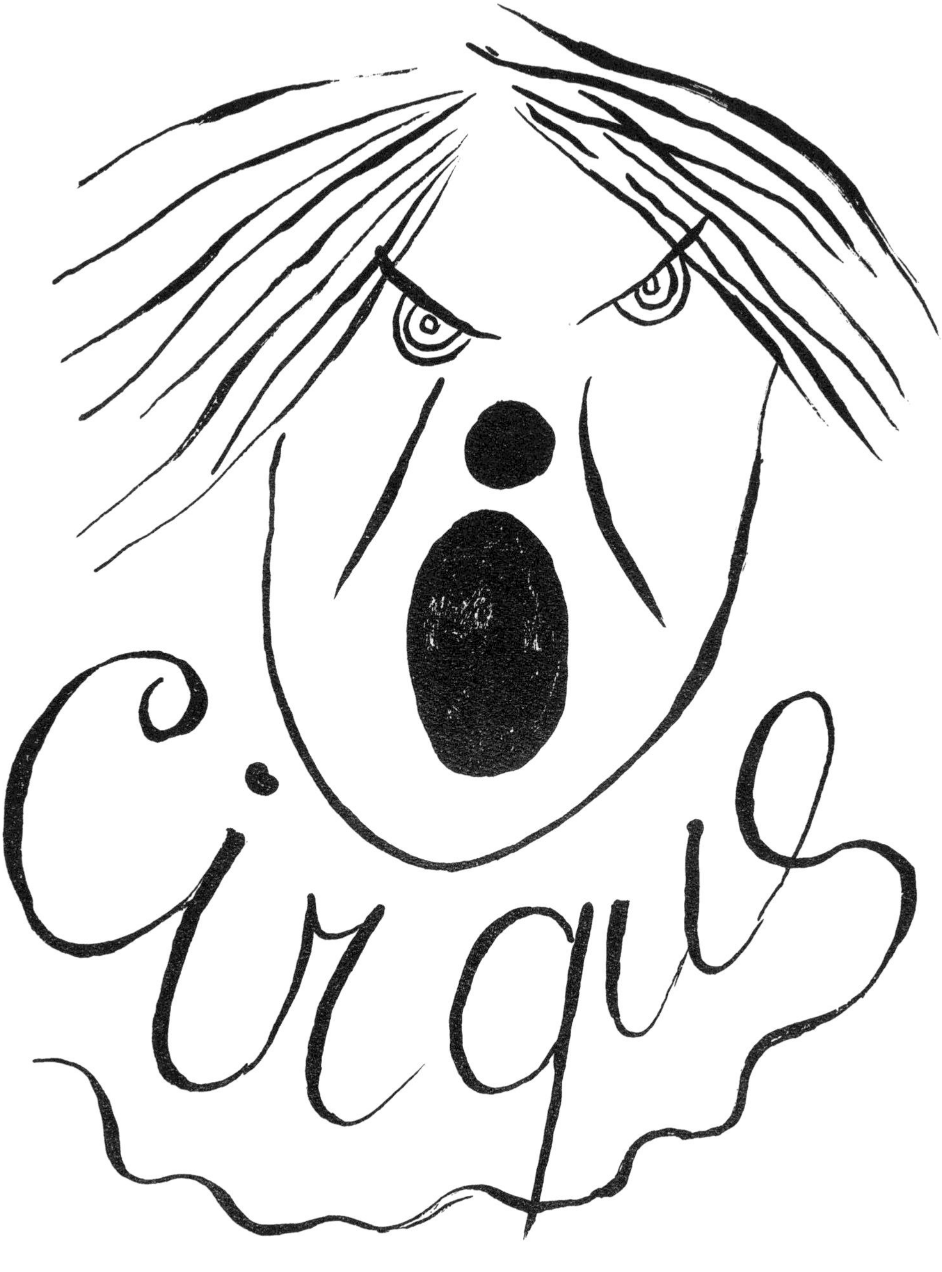
Cirque

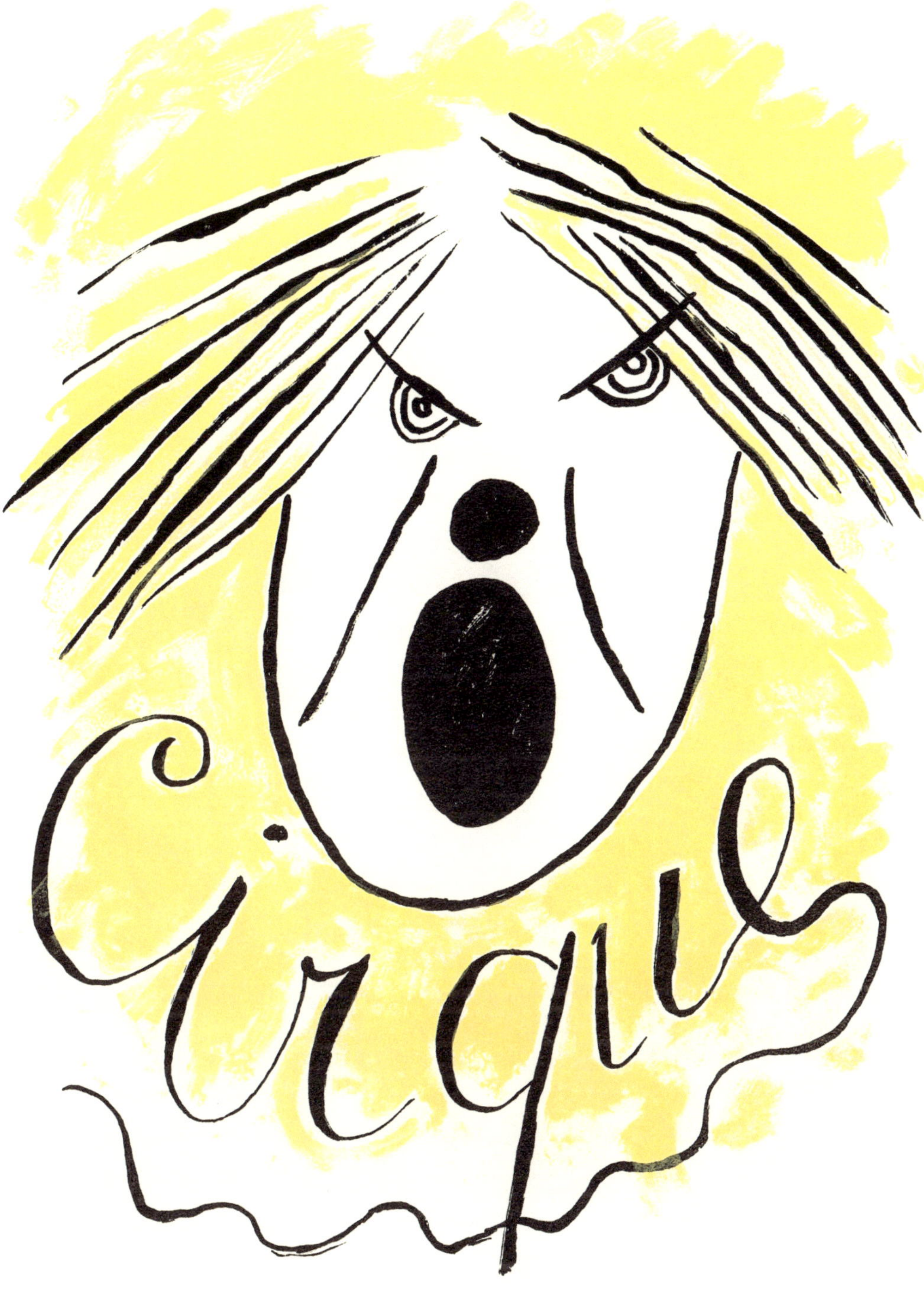
cirque

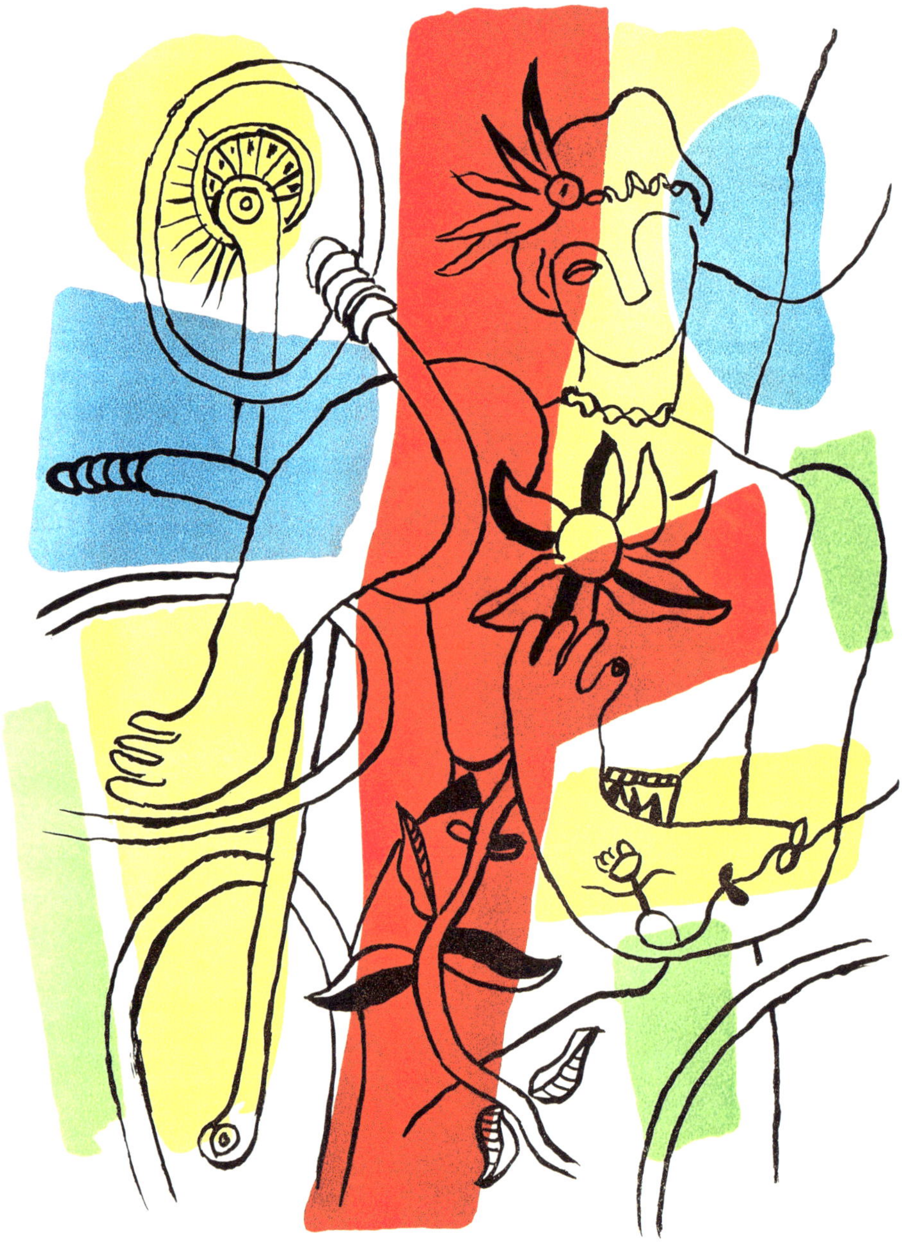

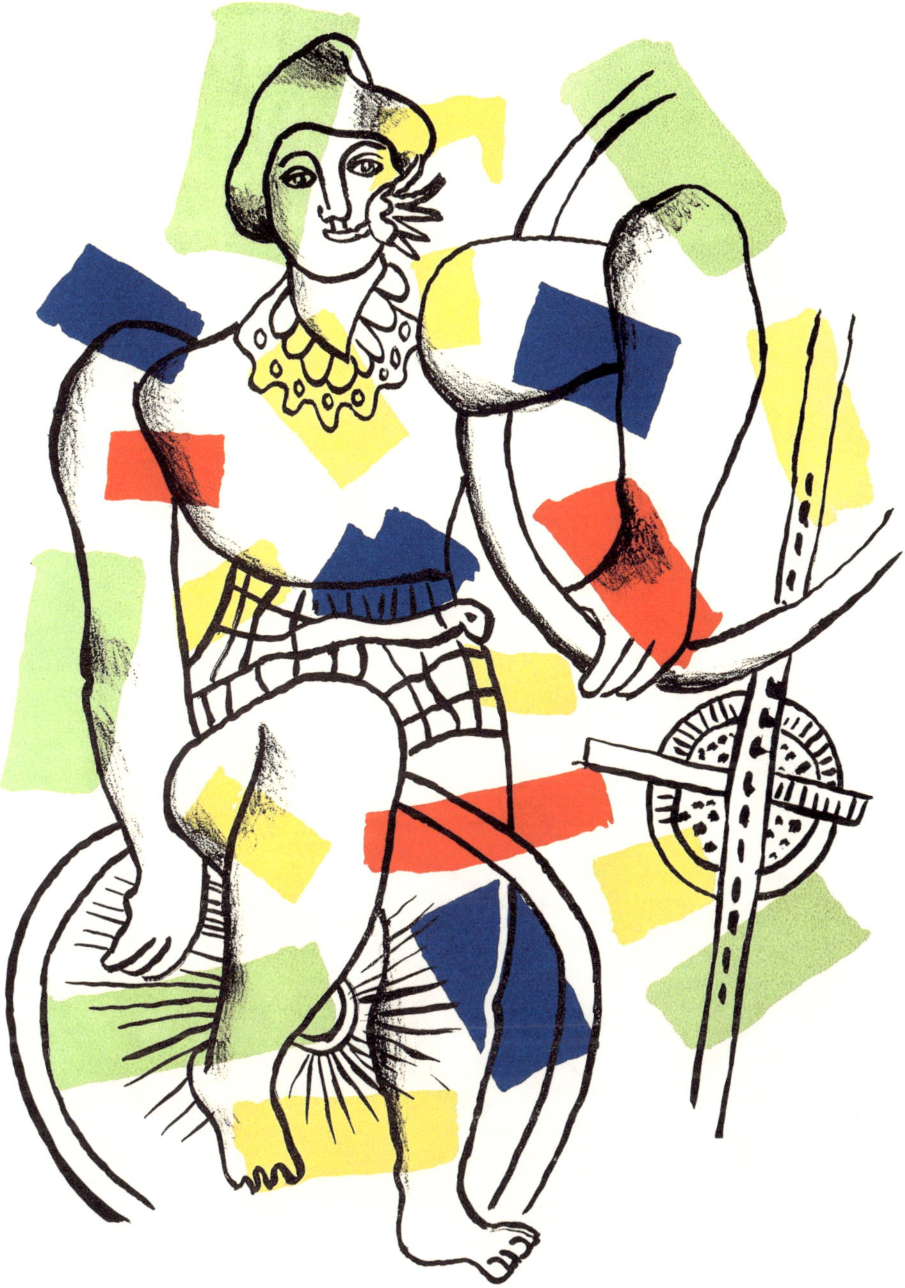

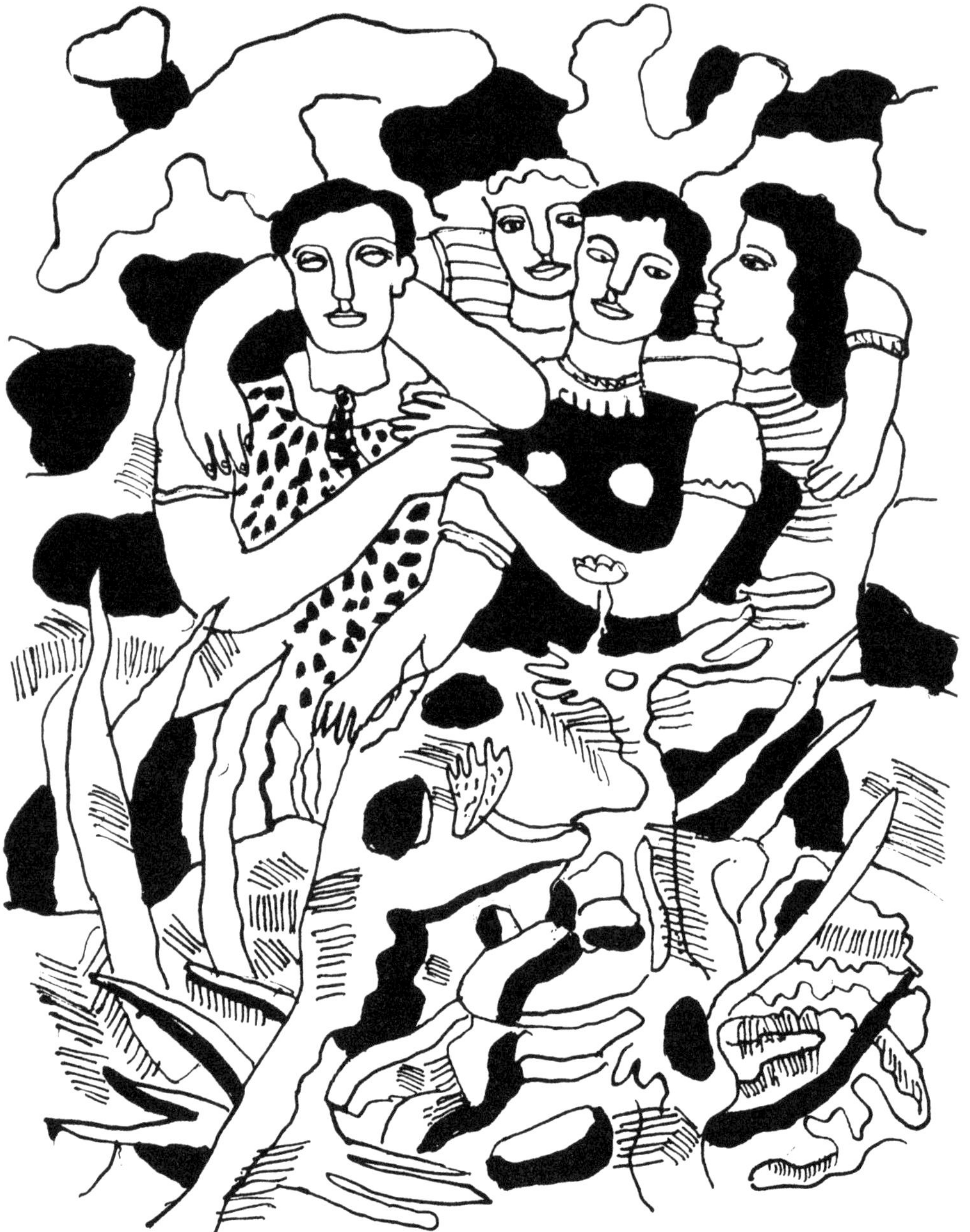

12

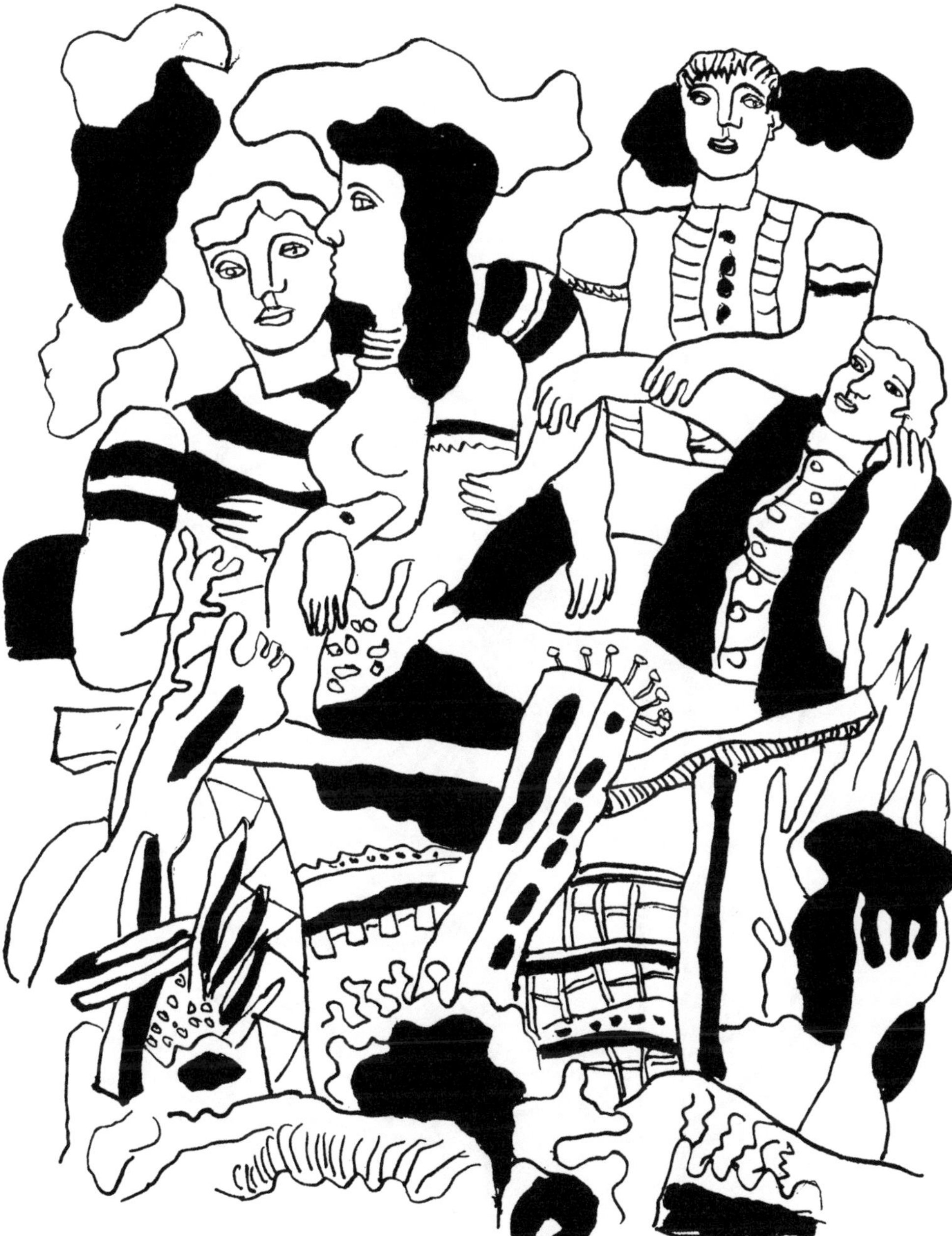

13

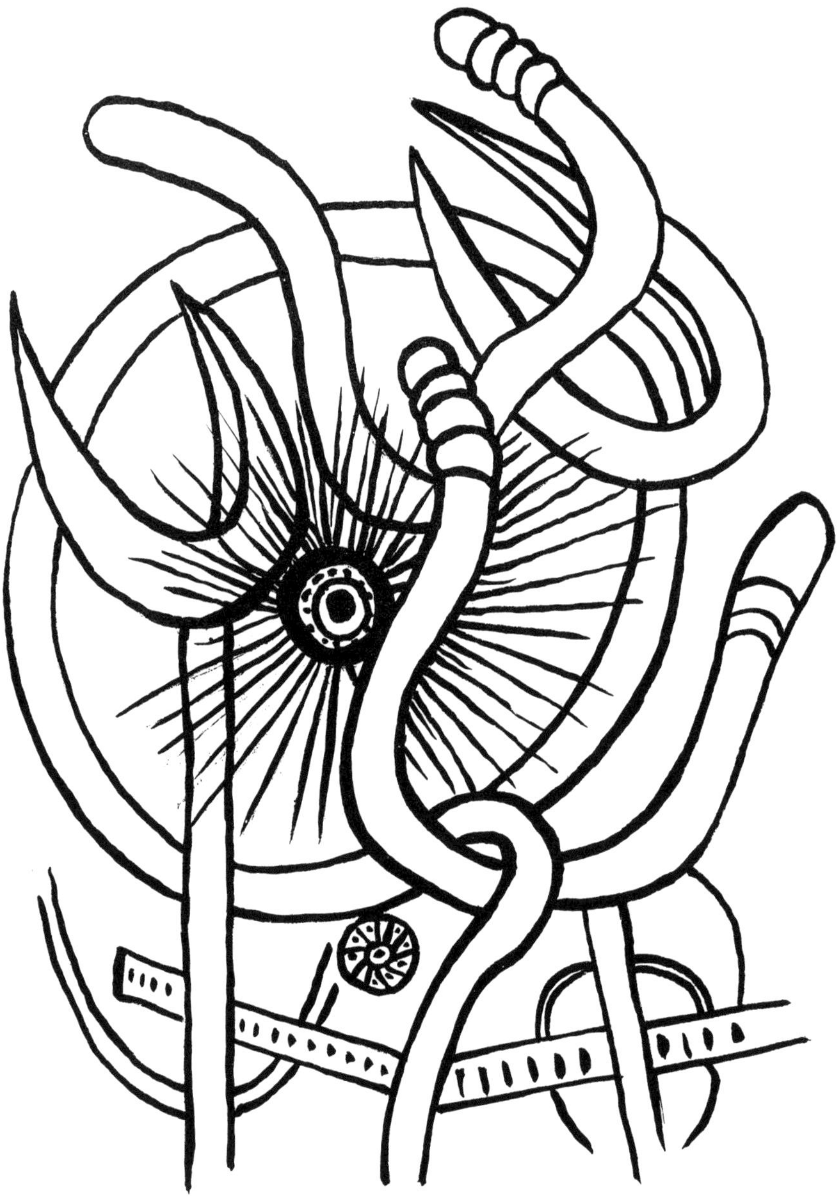

18

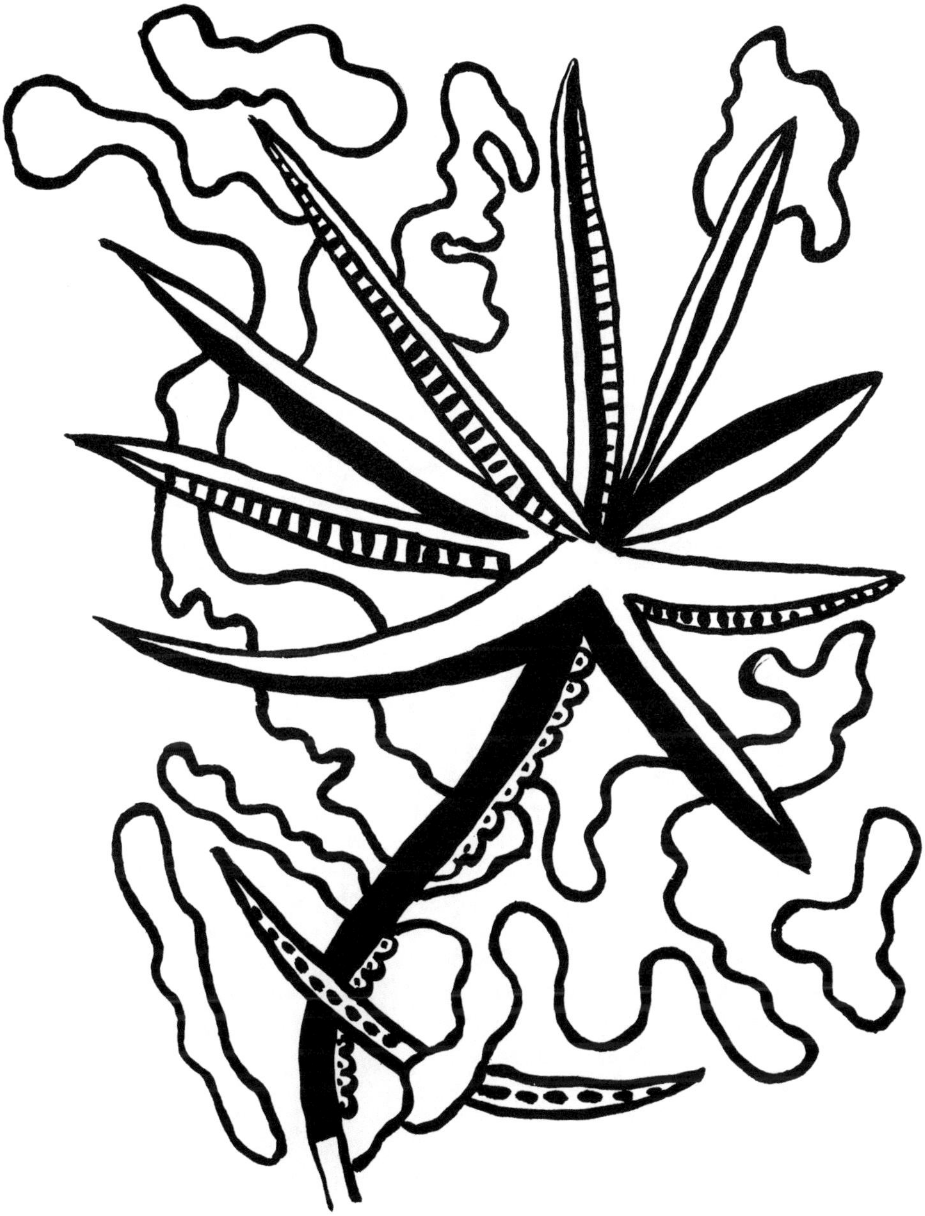

23

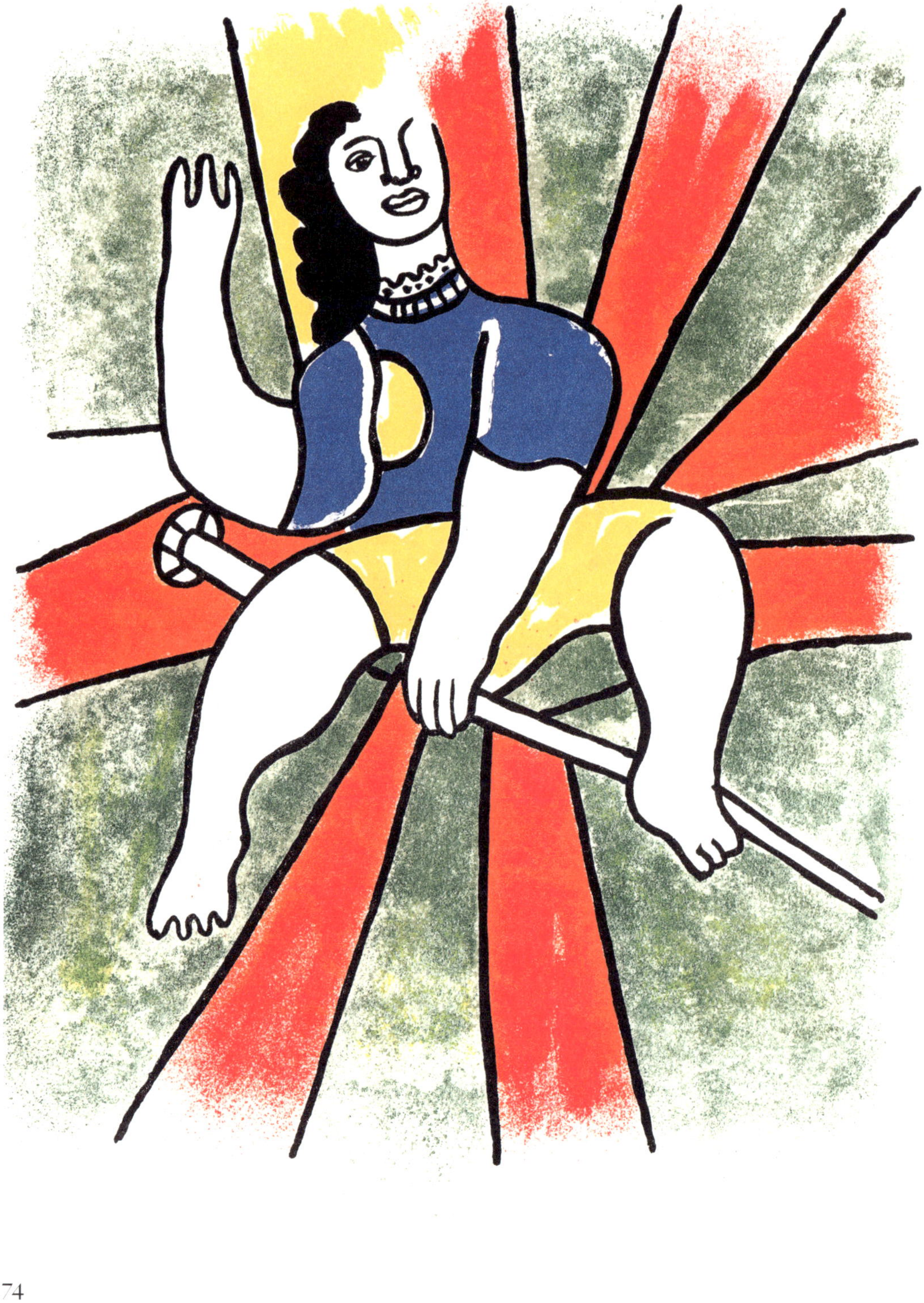

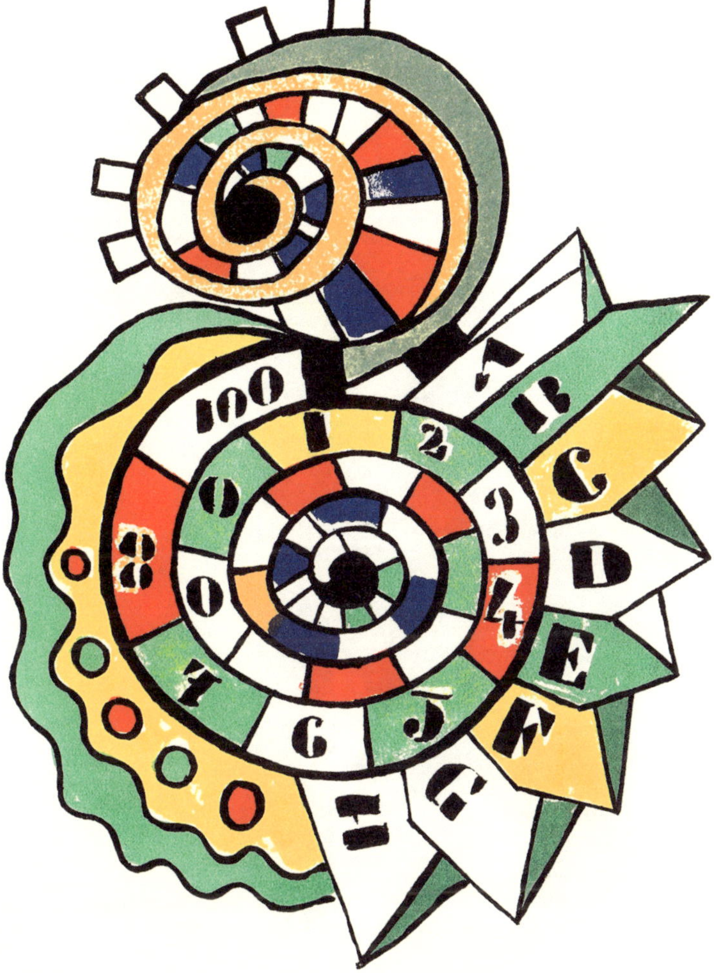
100
1
2
3
4
5
6
7
8
0
0
A
B
C
D
E
F
G
H

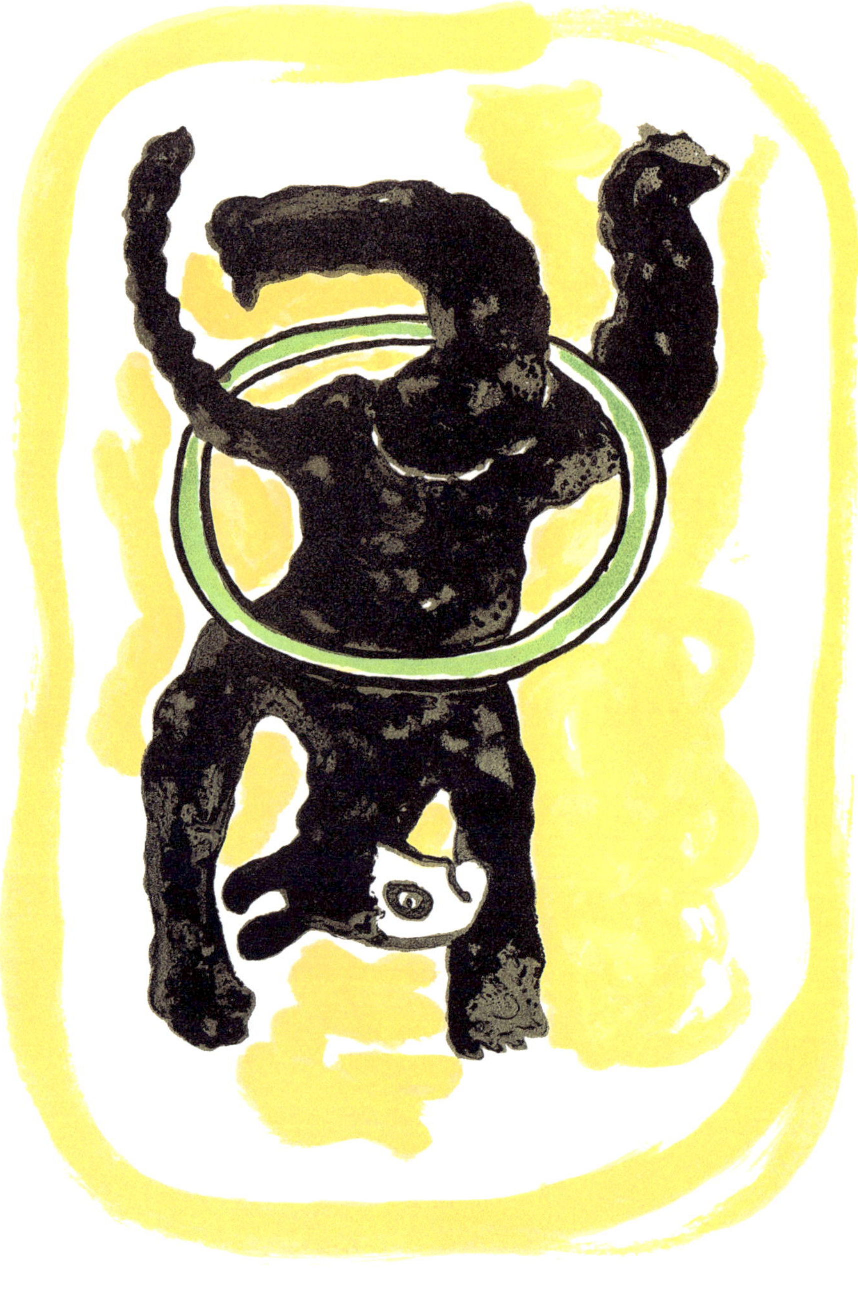

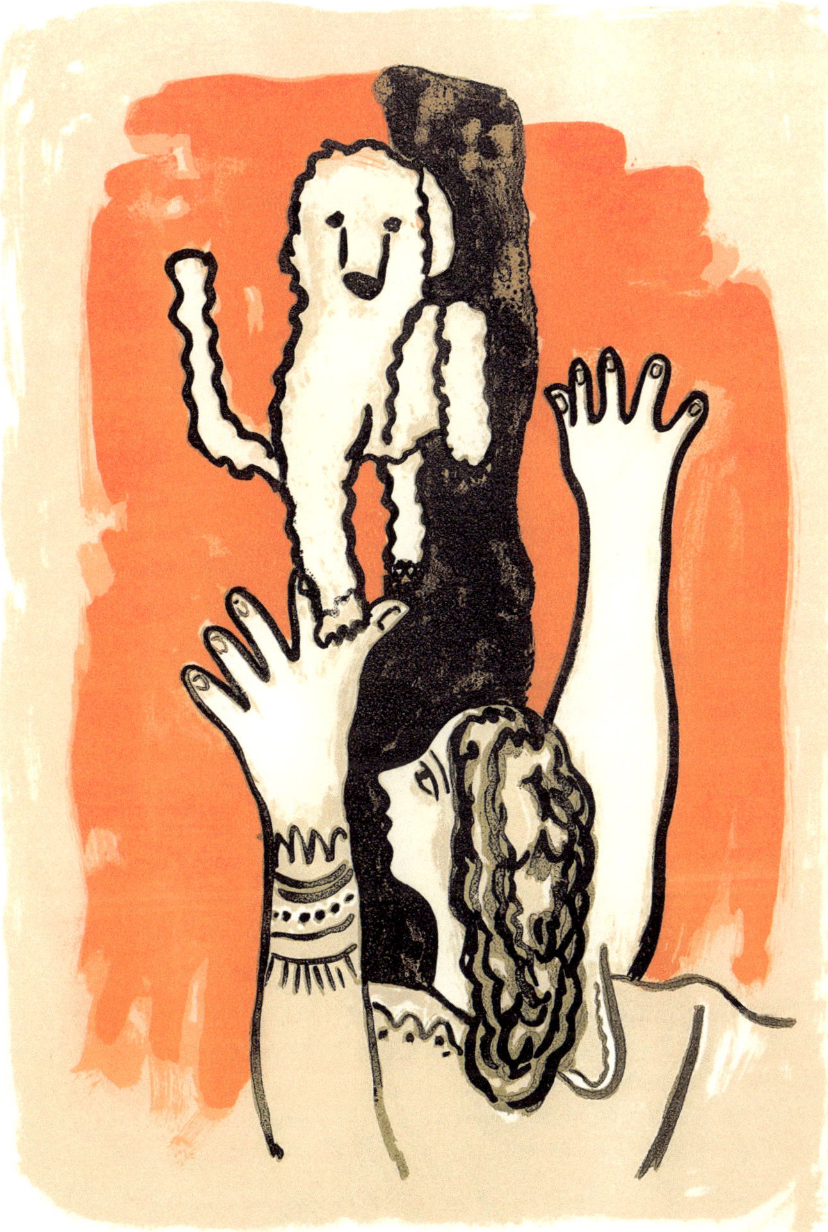

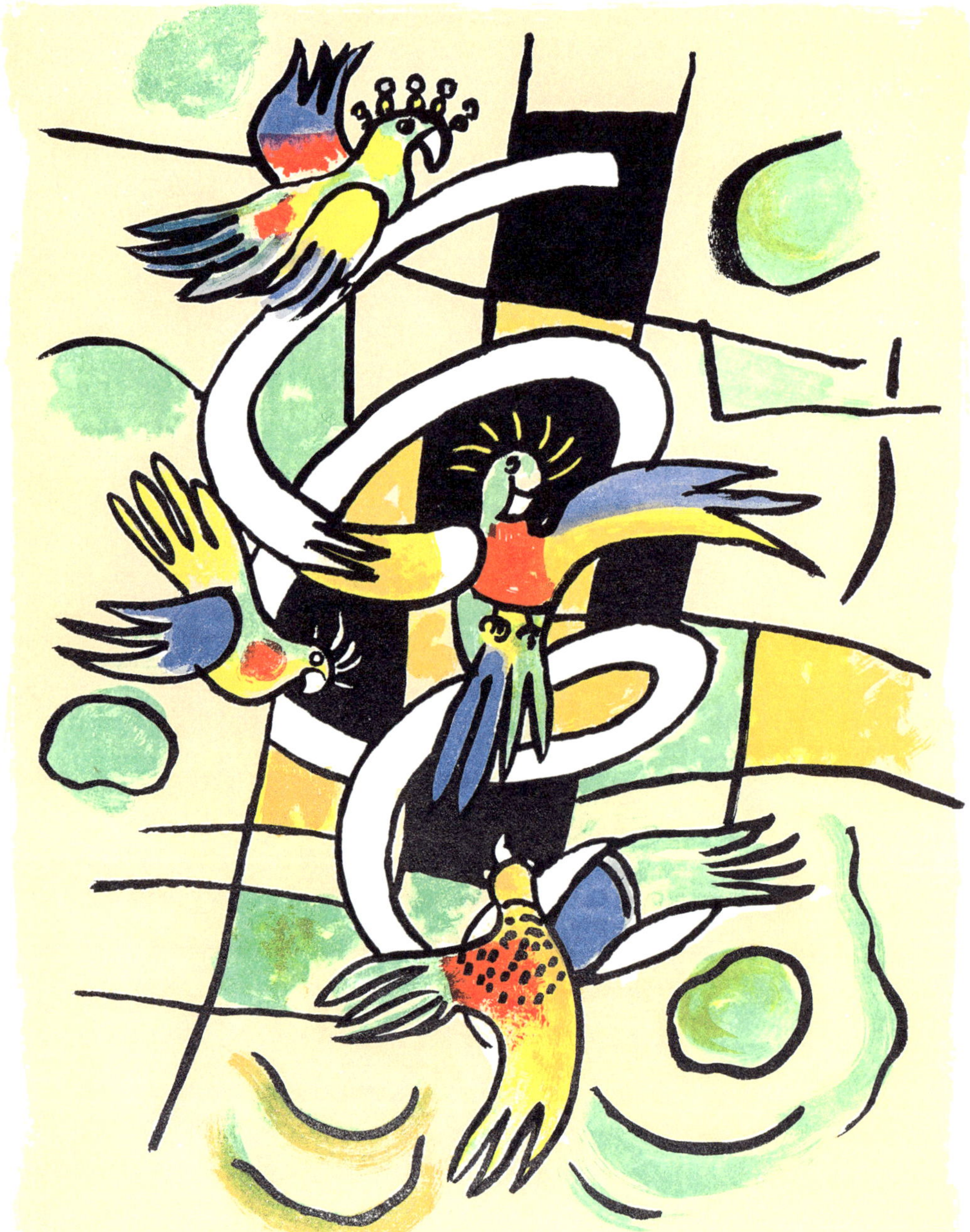

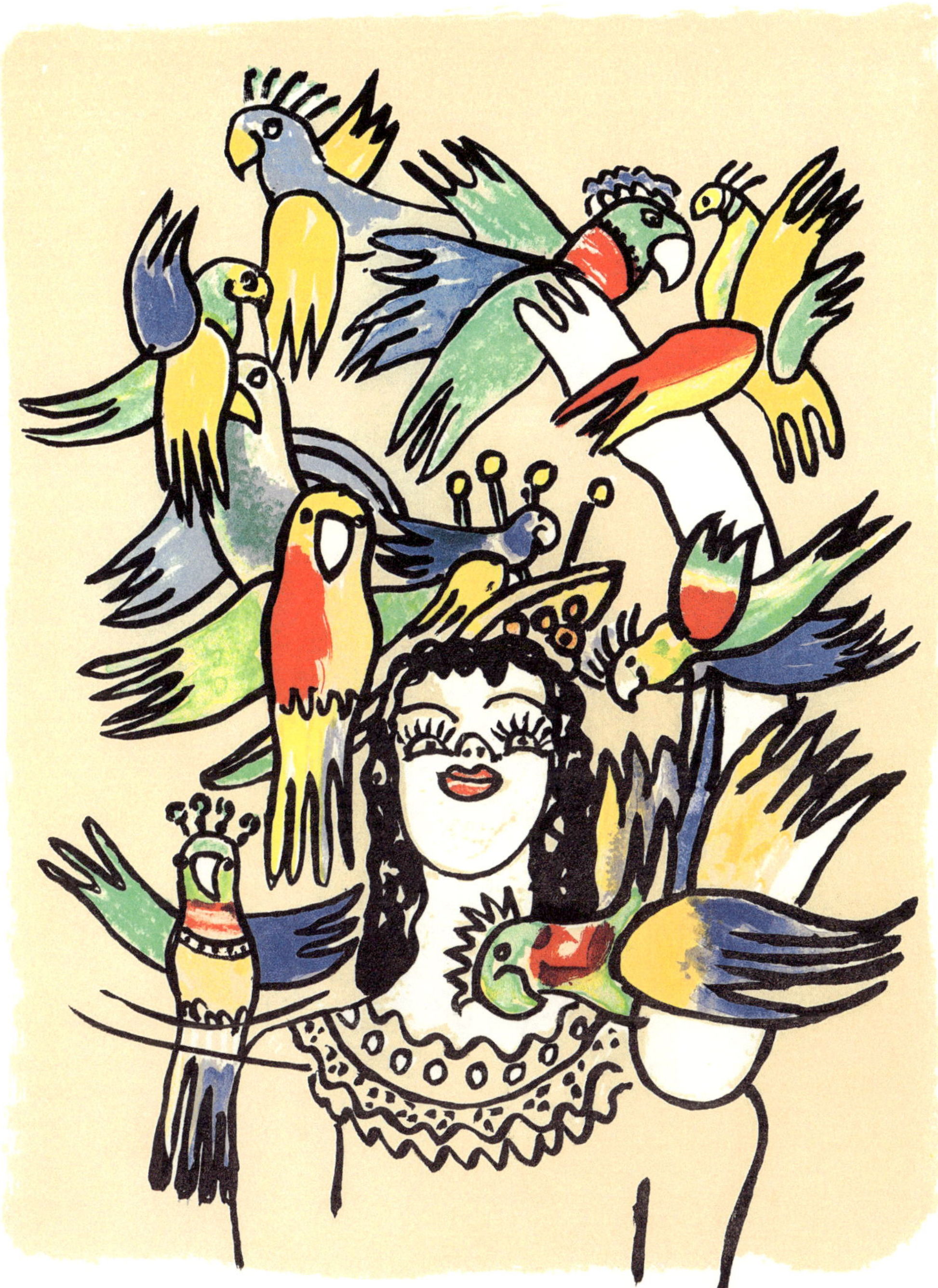

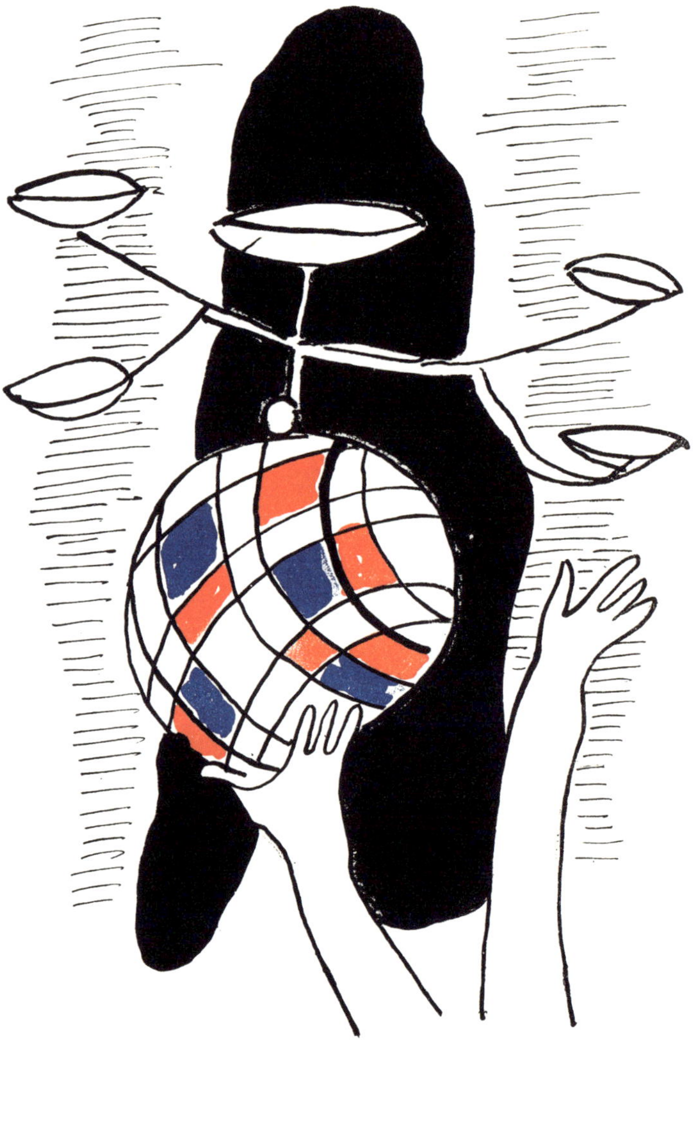

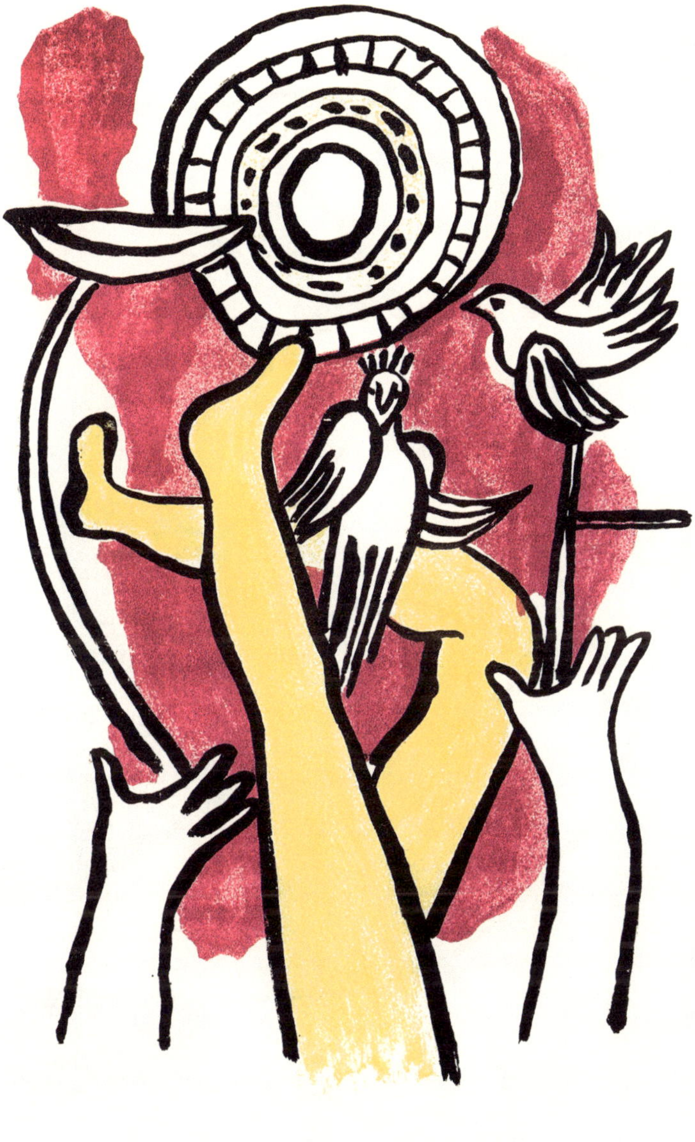

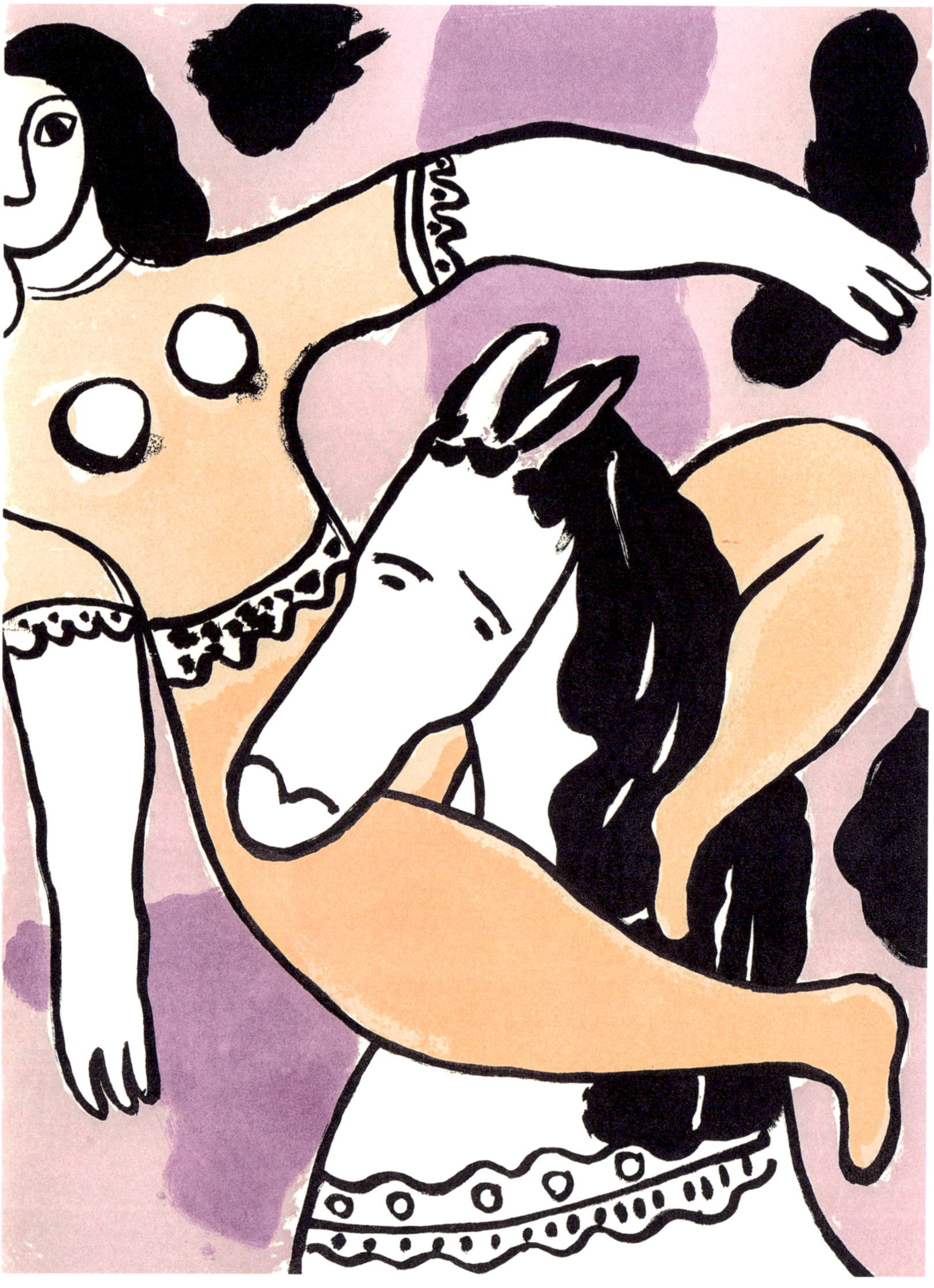

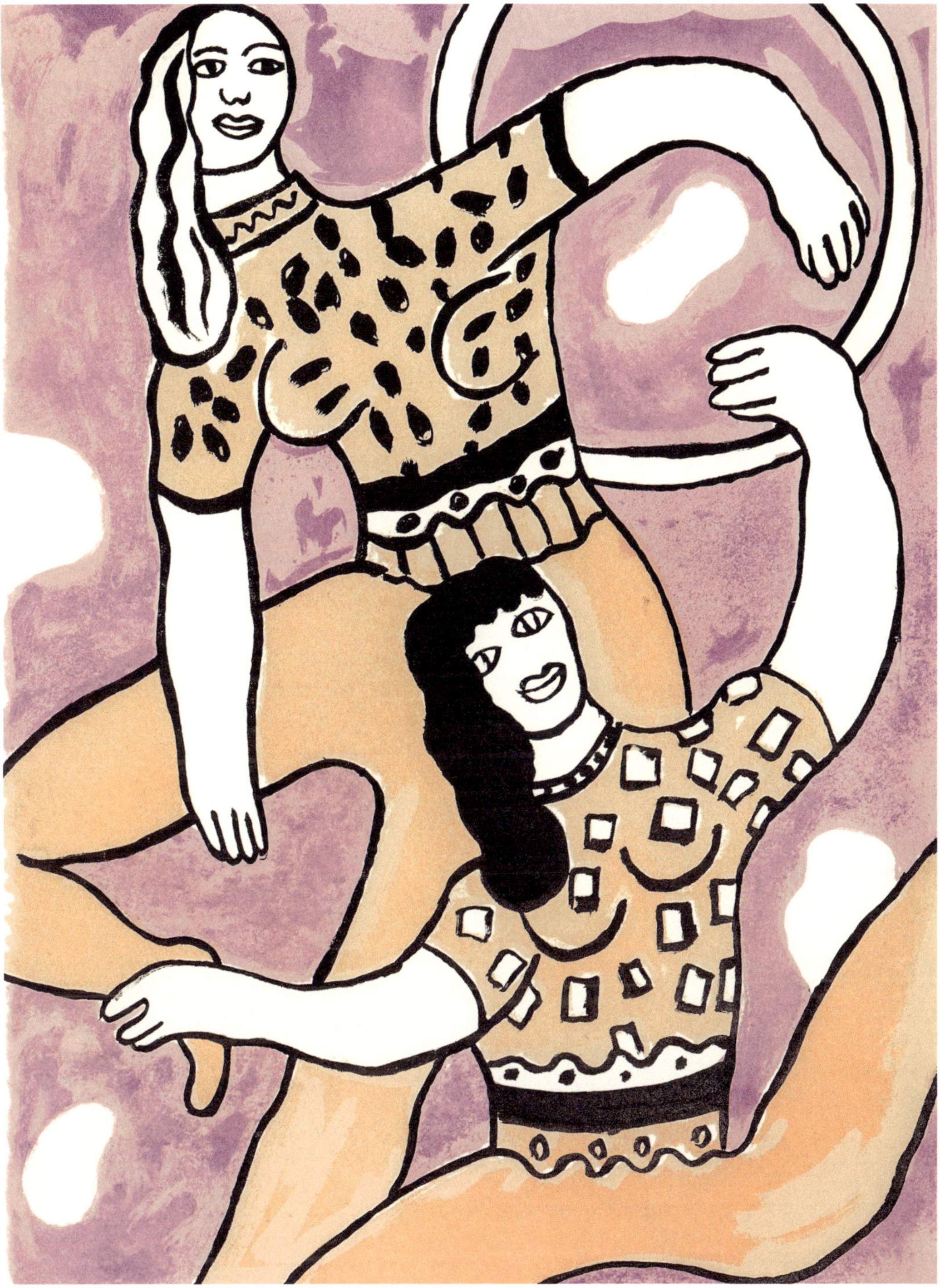

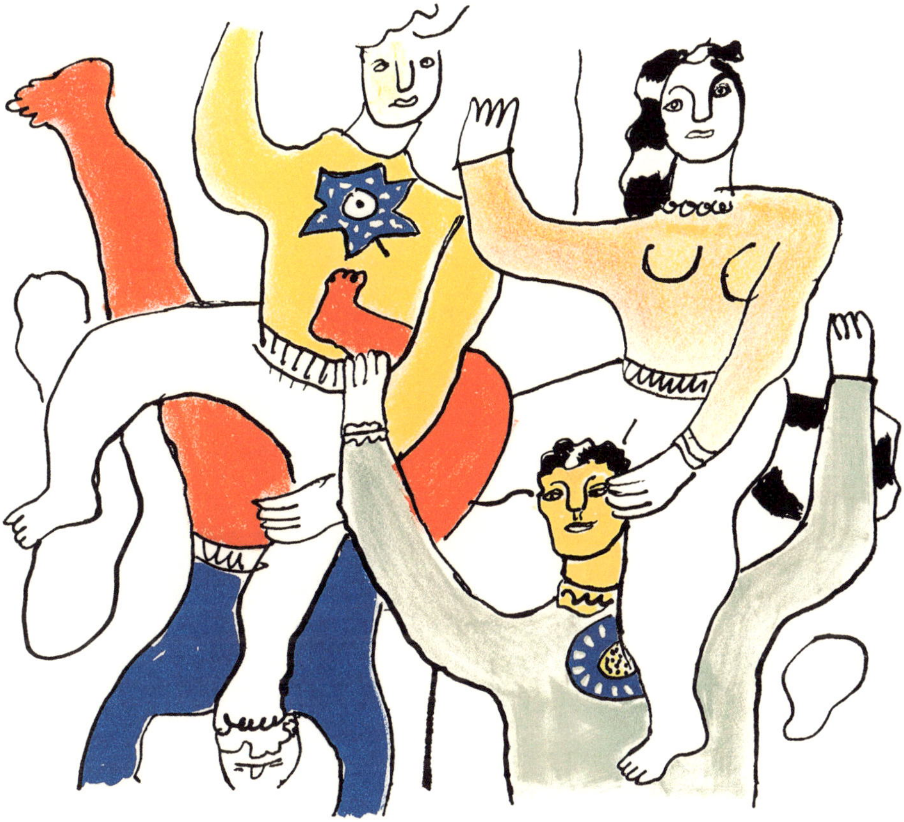

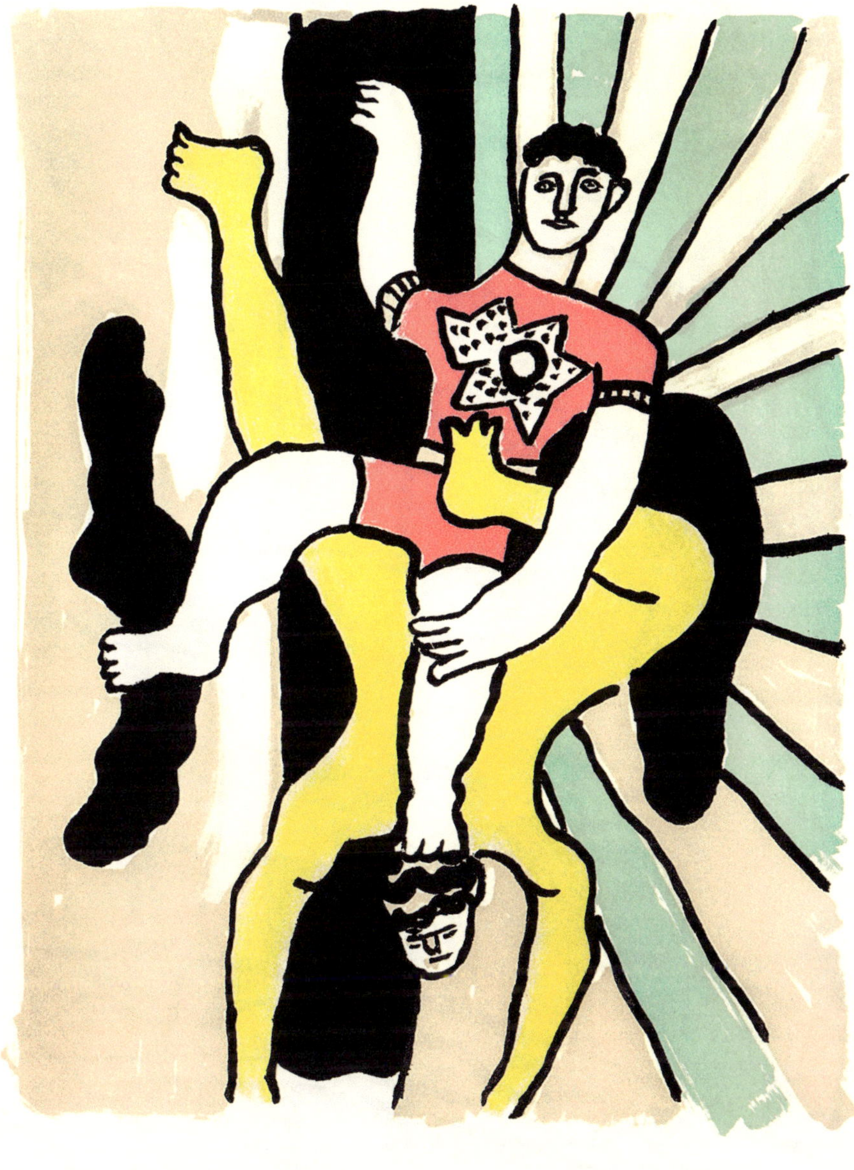

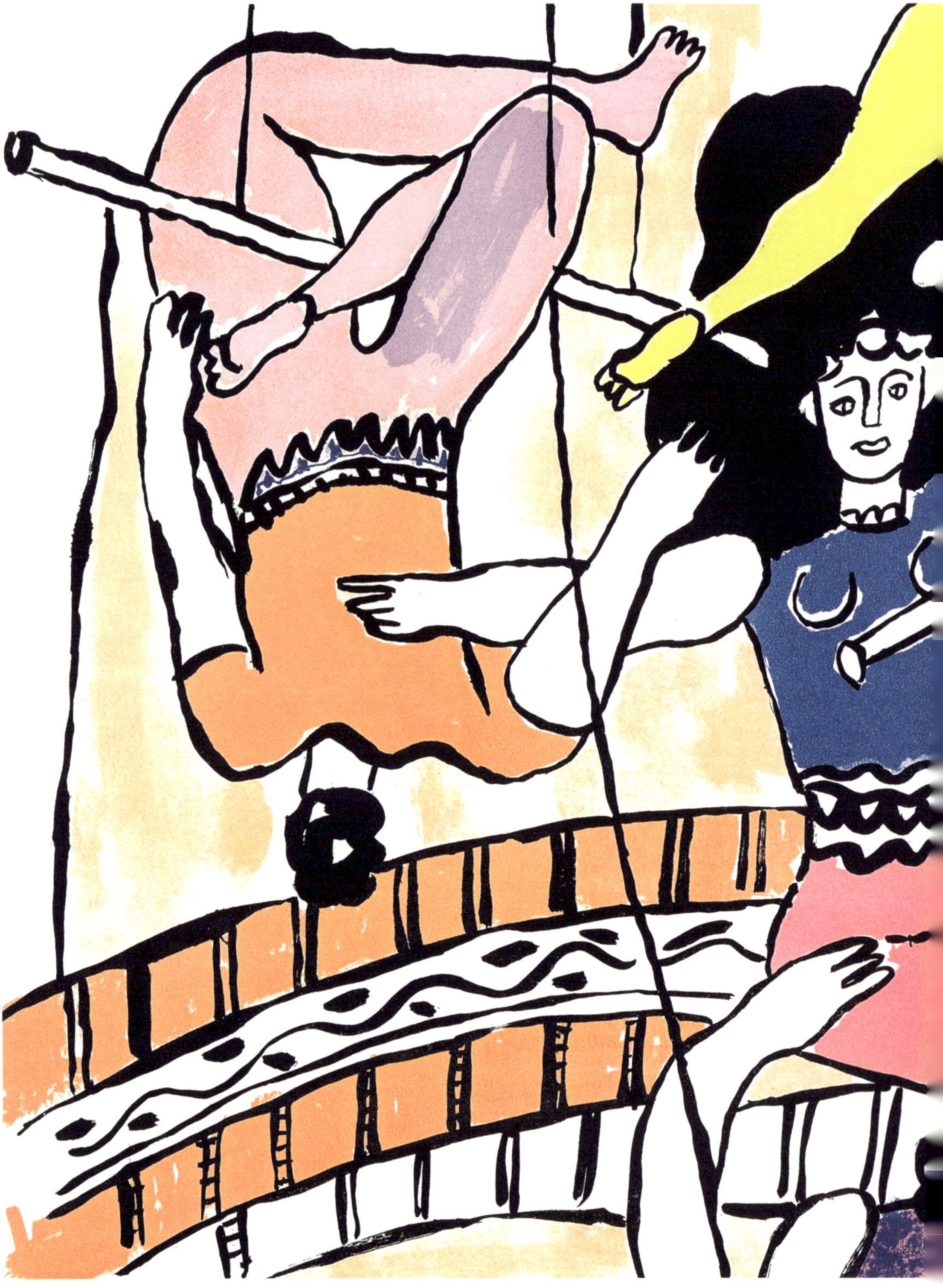

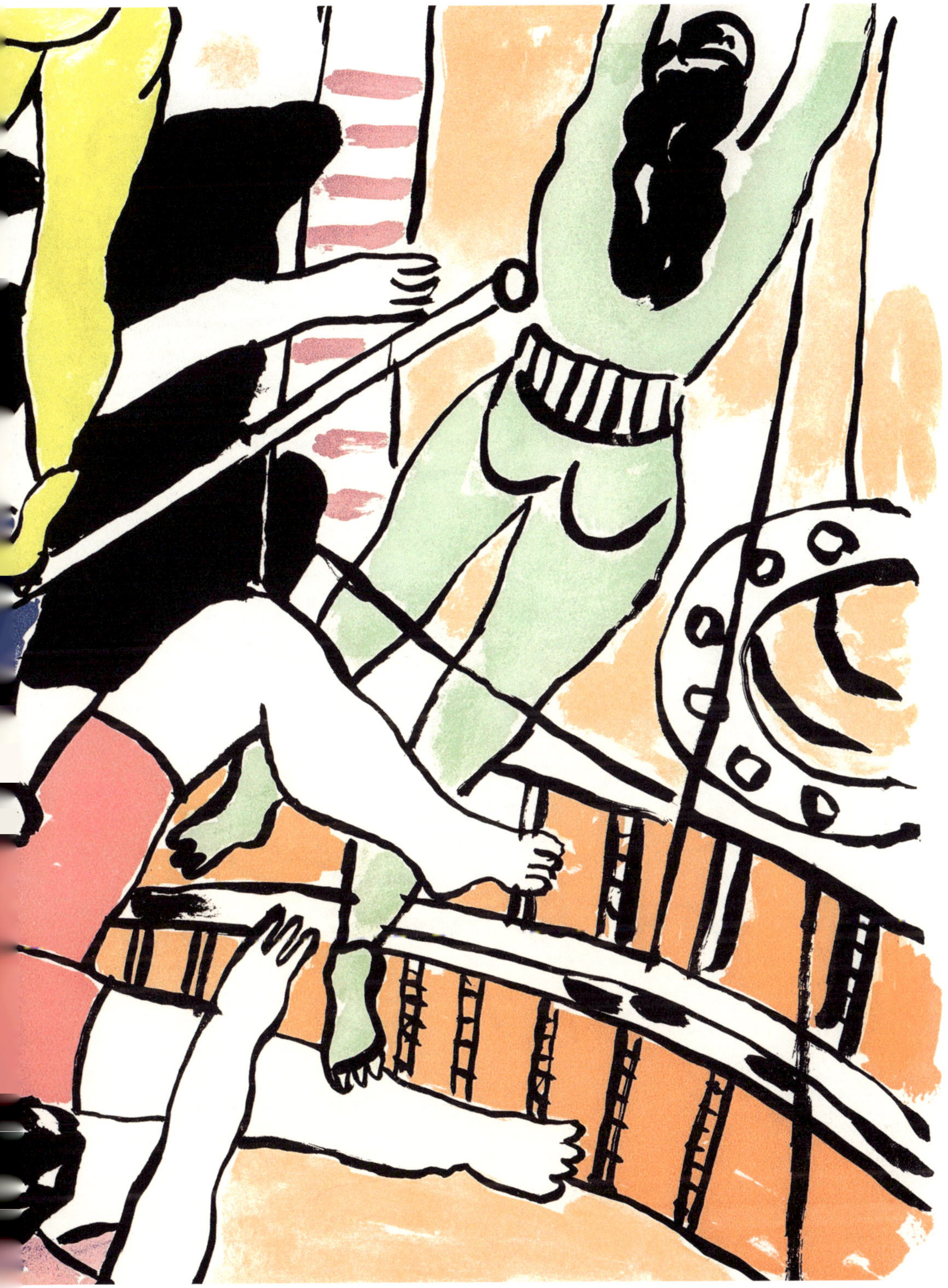

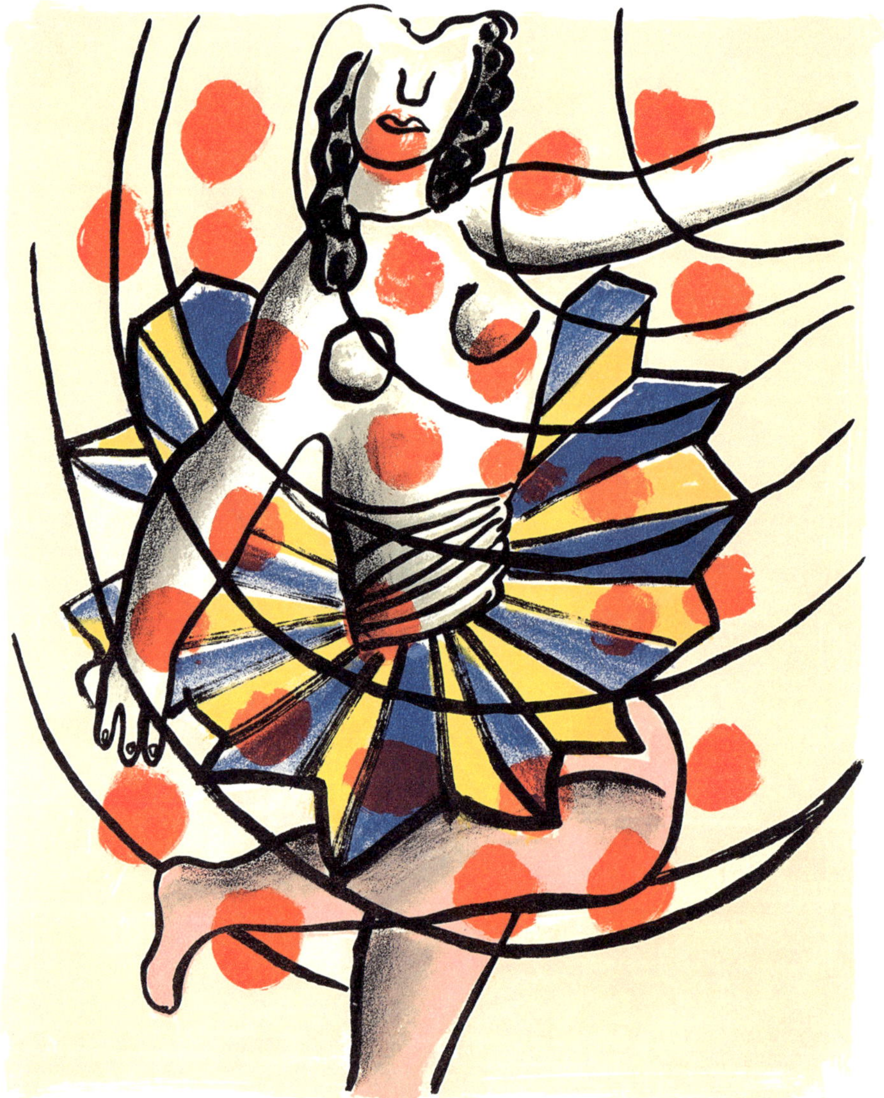

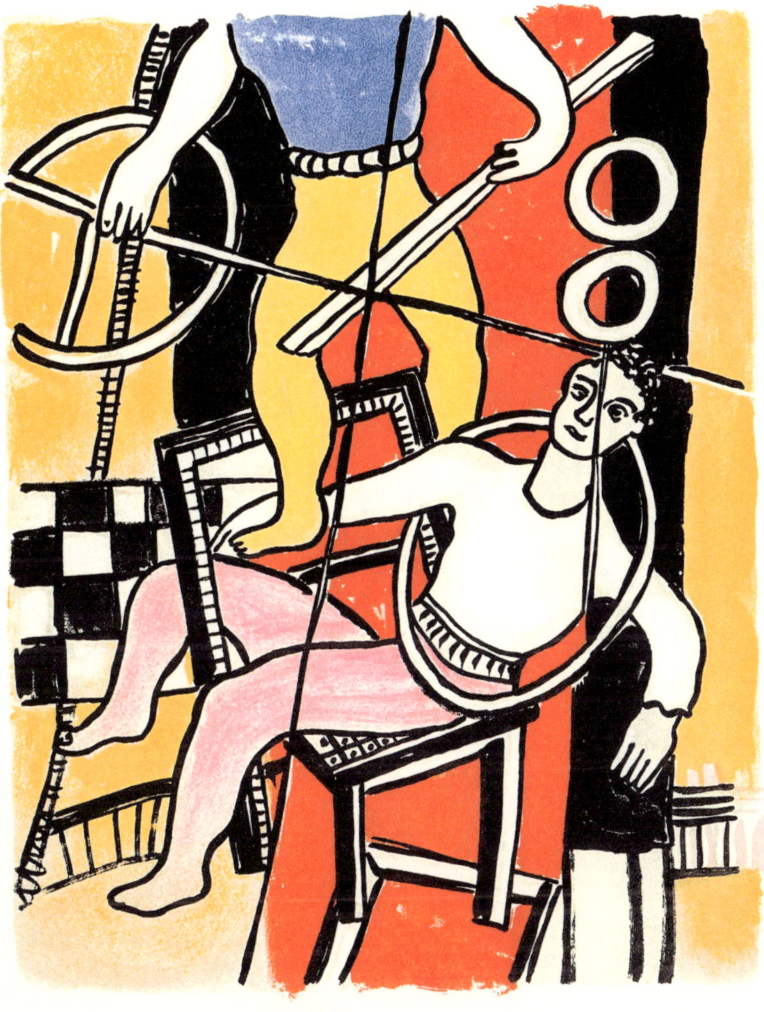

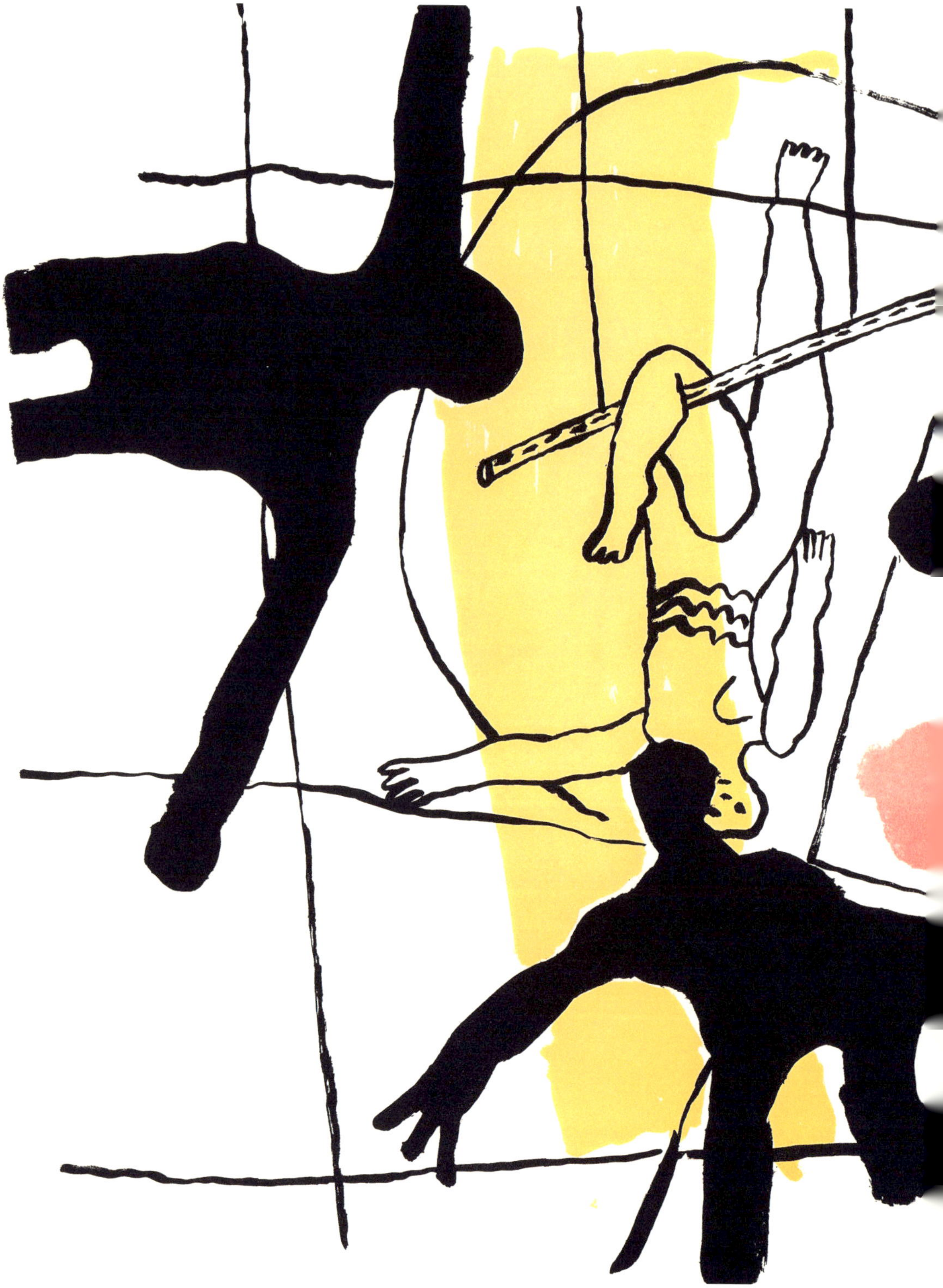

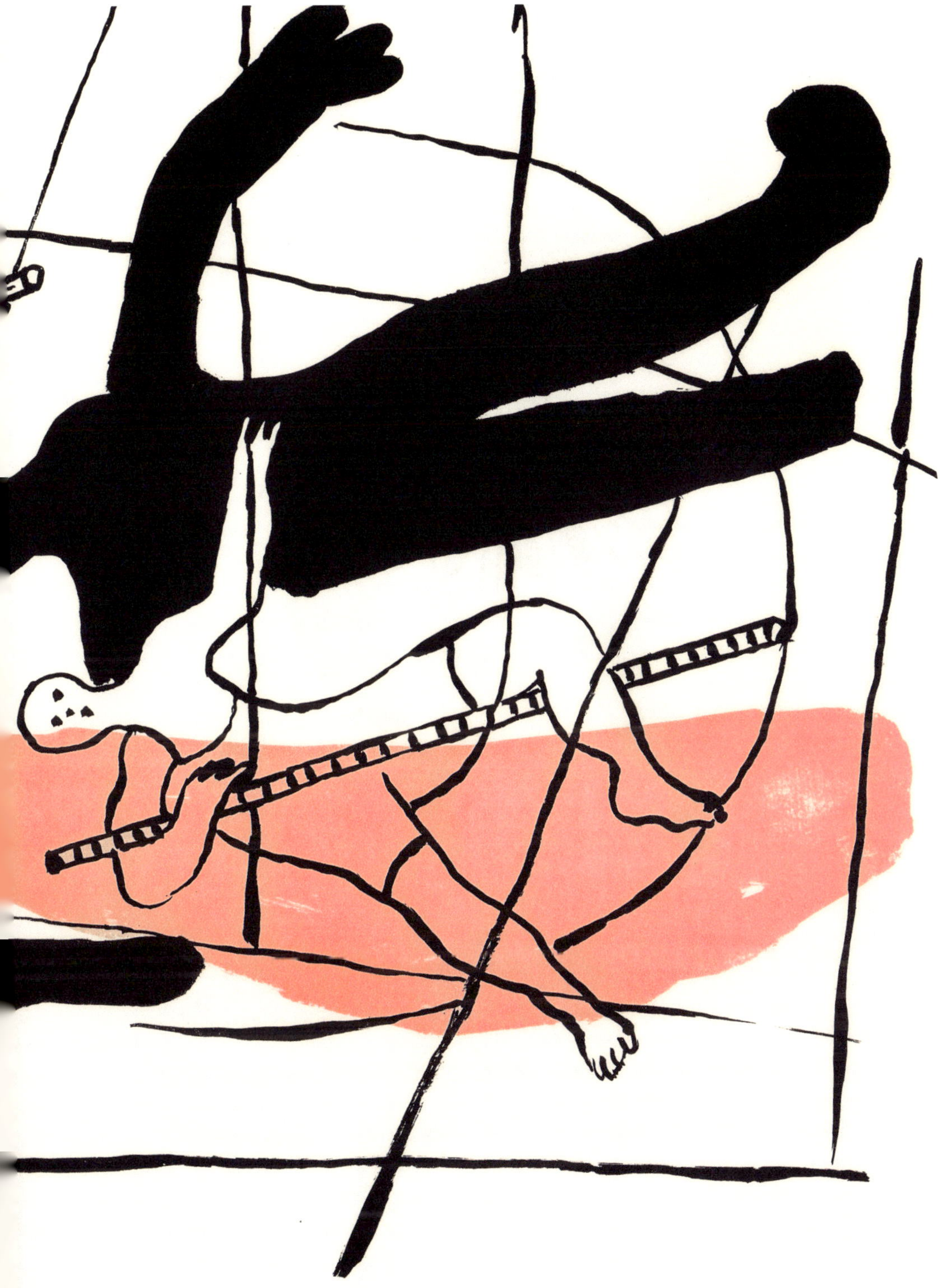

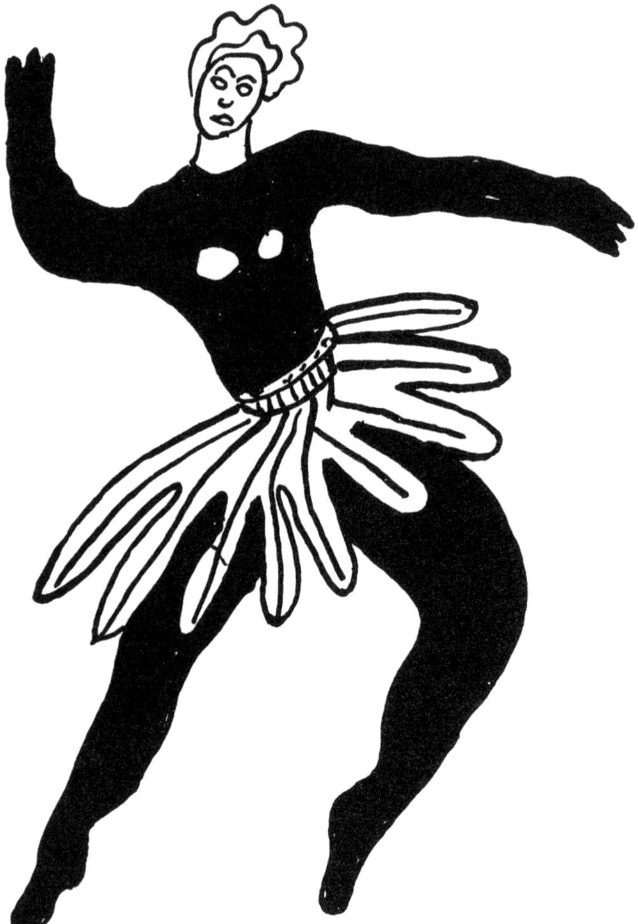

Mobilité savamment étudiée,
phases fixées, où une jambe
retourne au sol doucement
après avoir risqué l'espace, soulevé

58

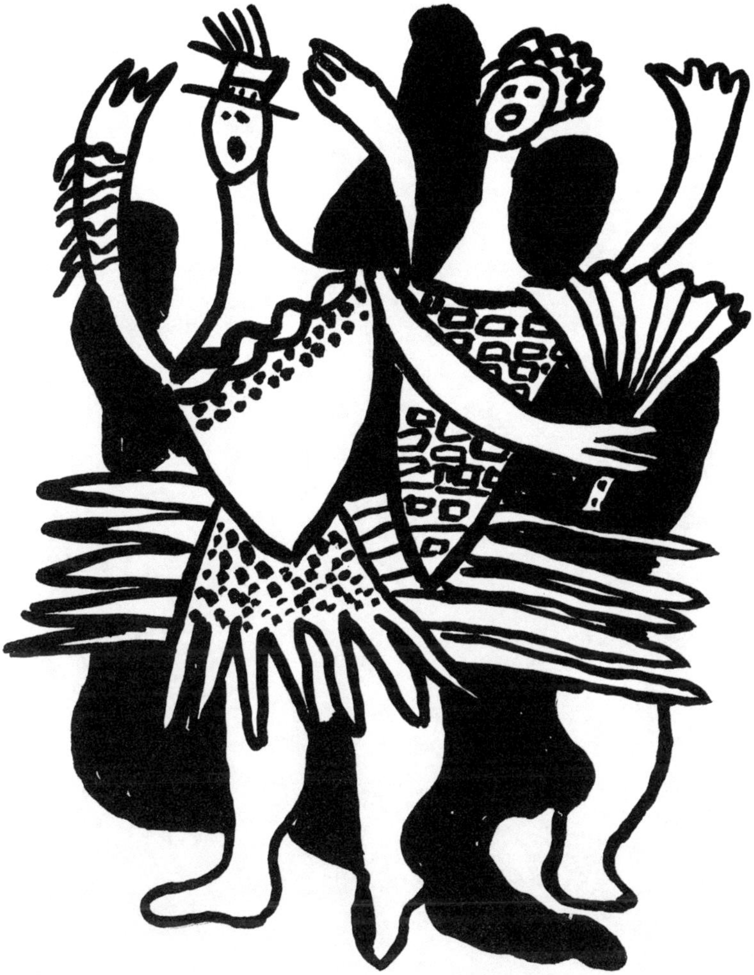

63

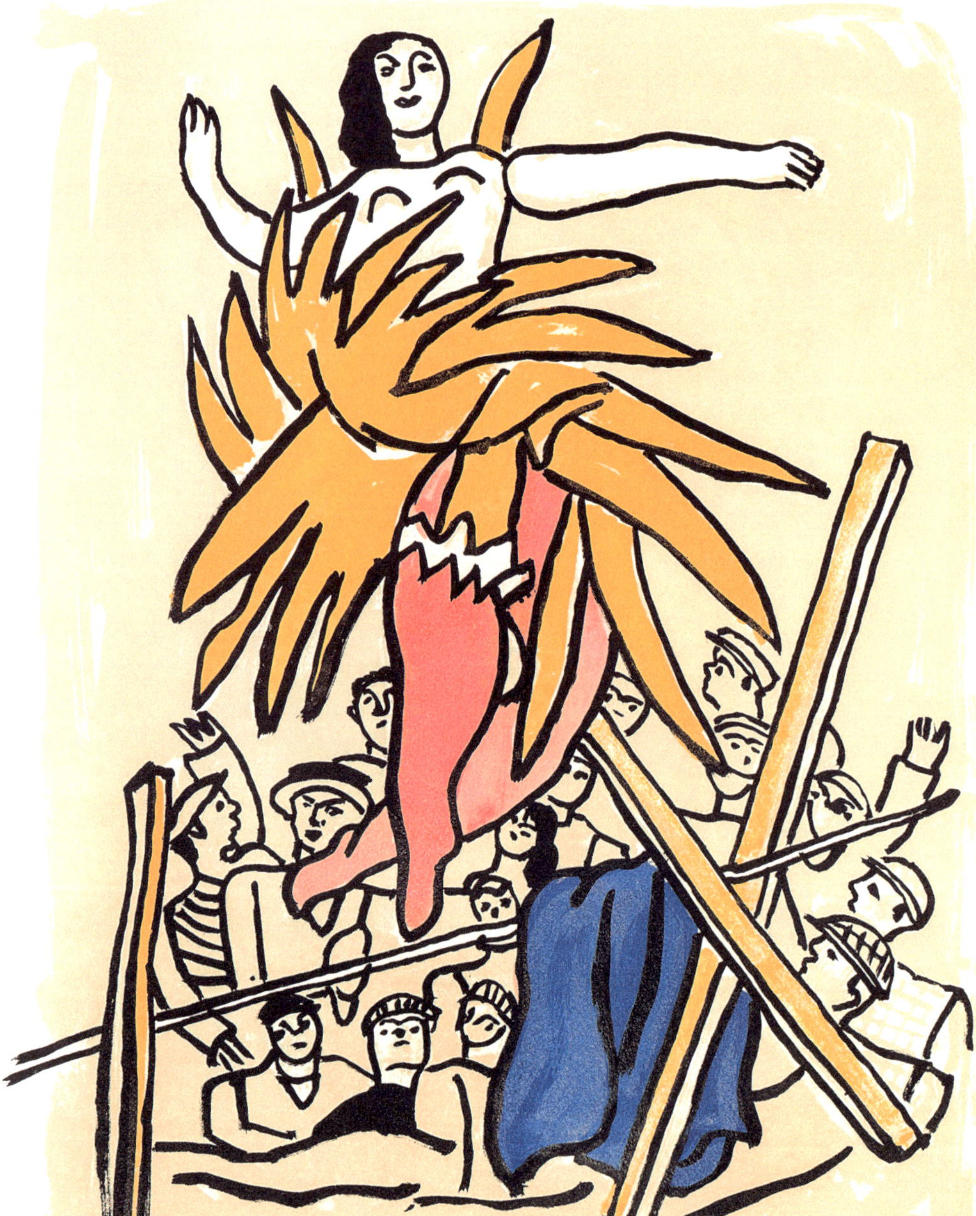

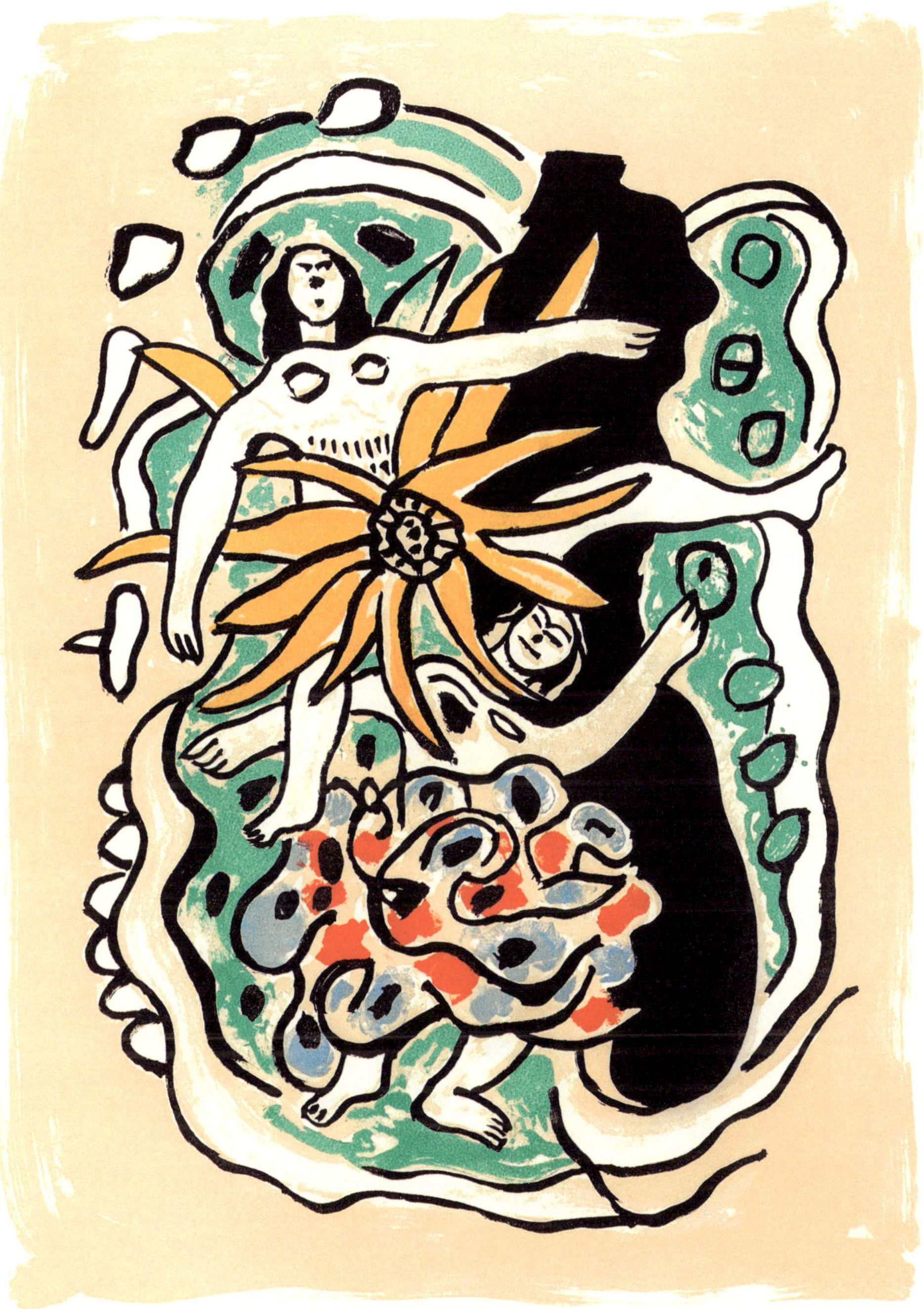

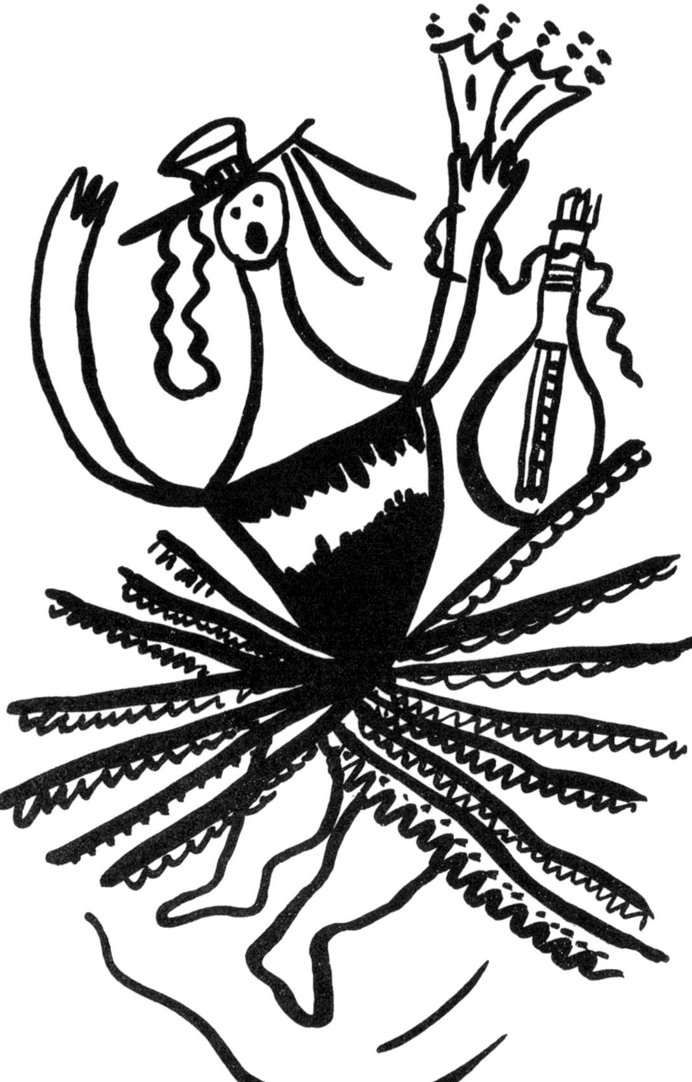

72

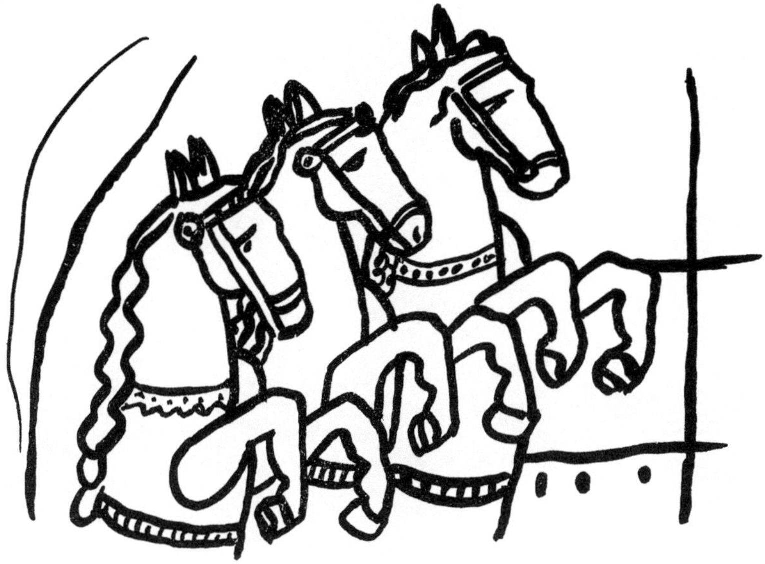

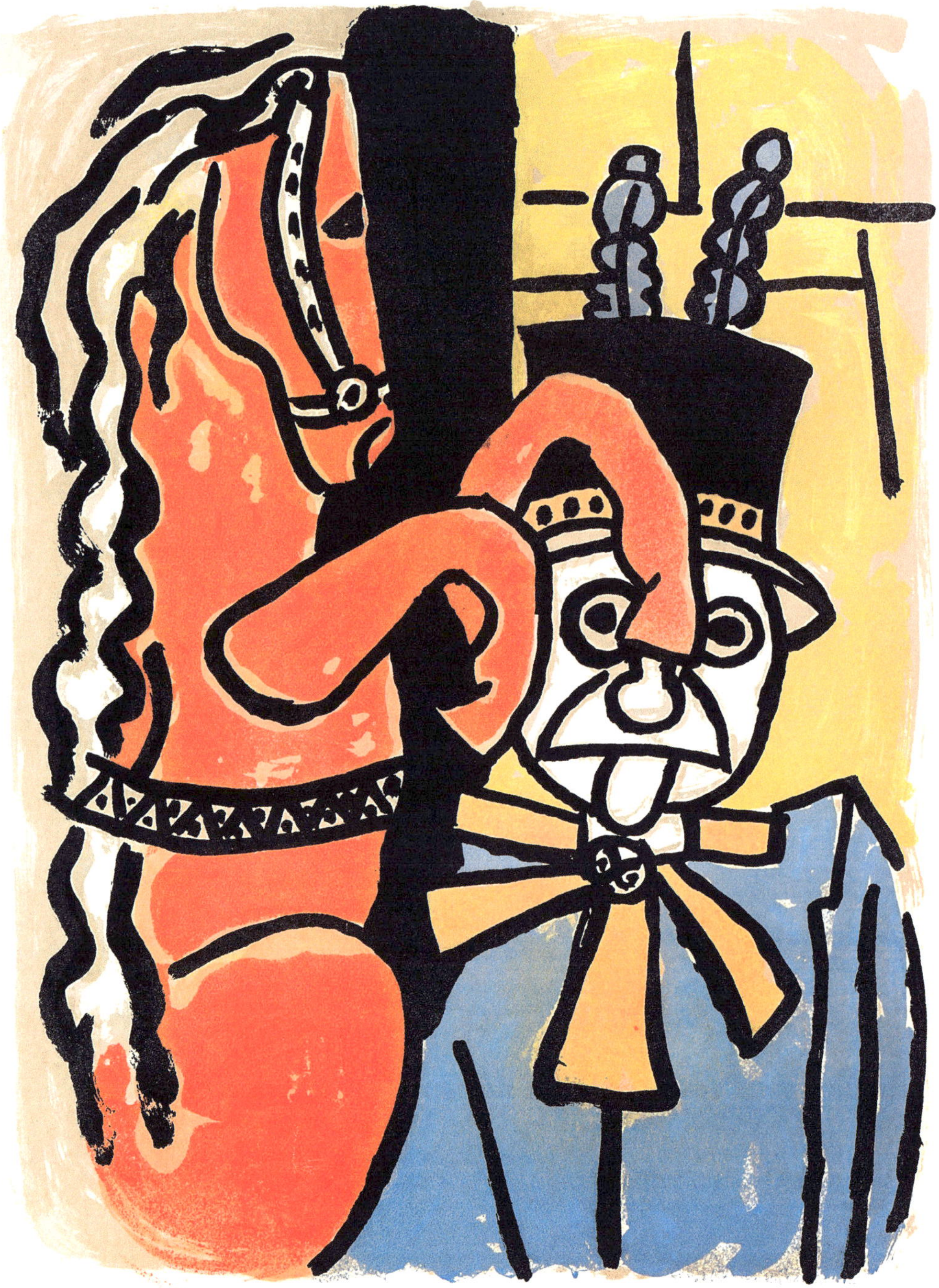

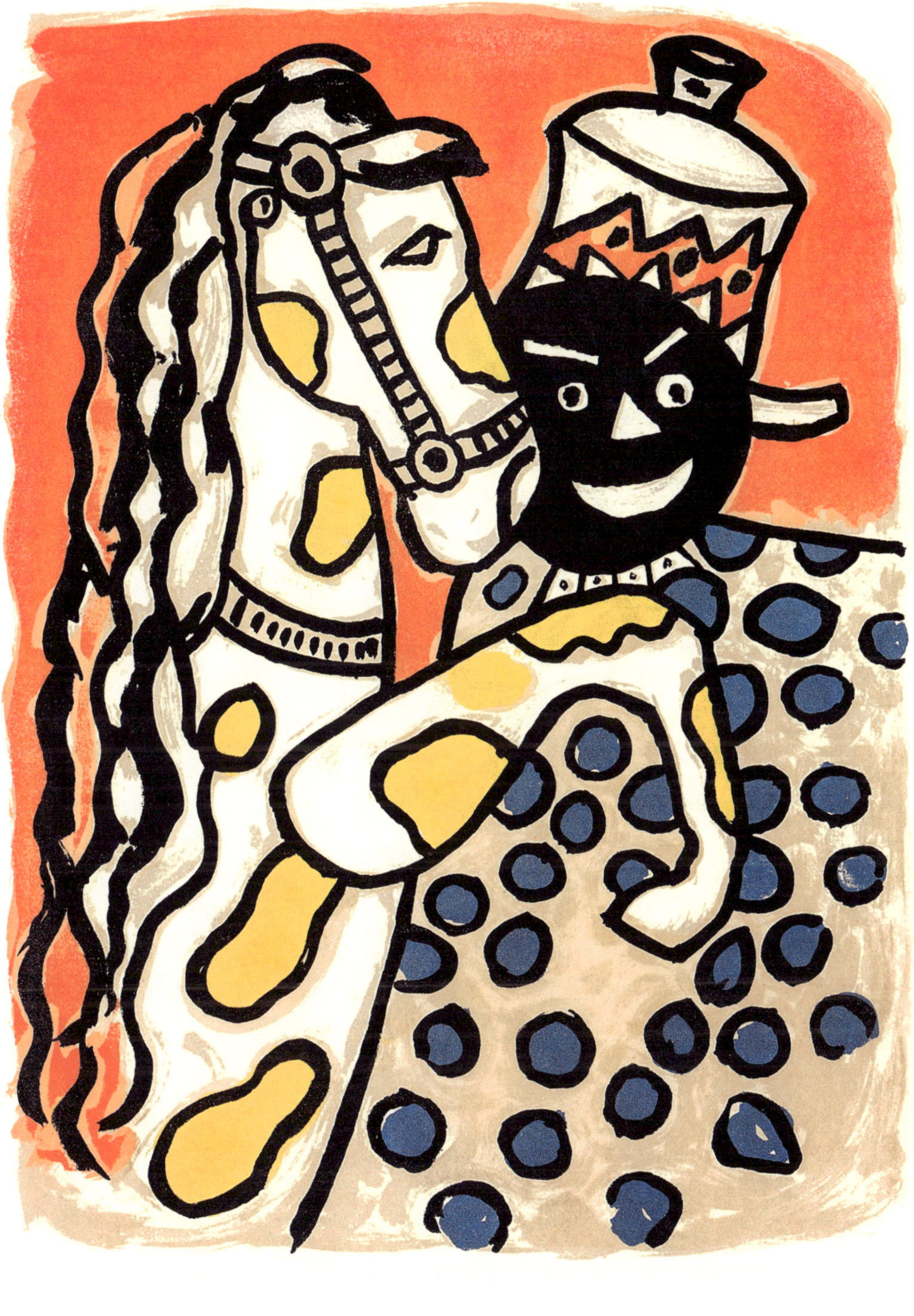

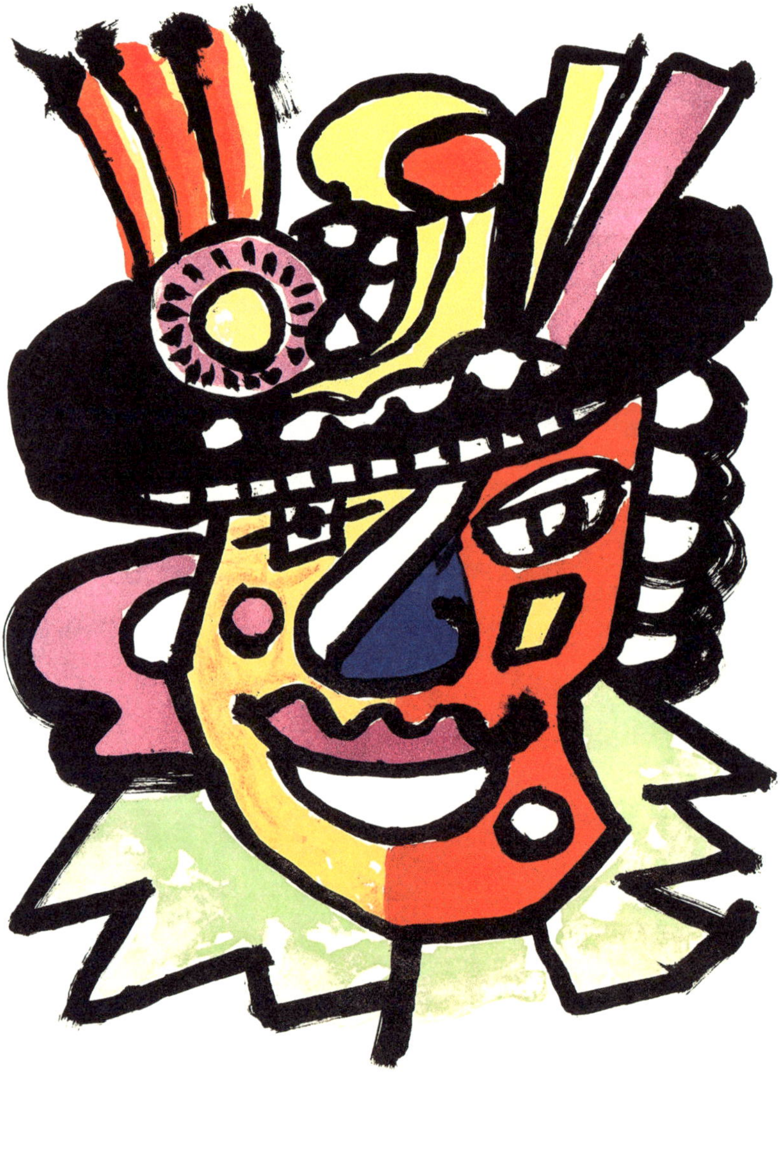

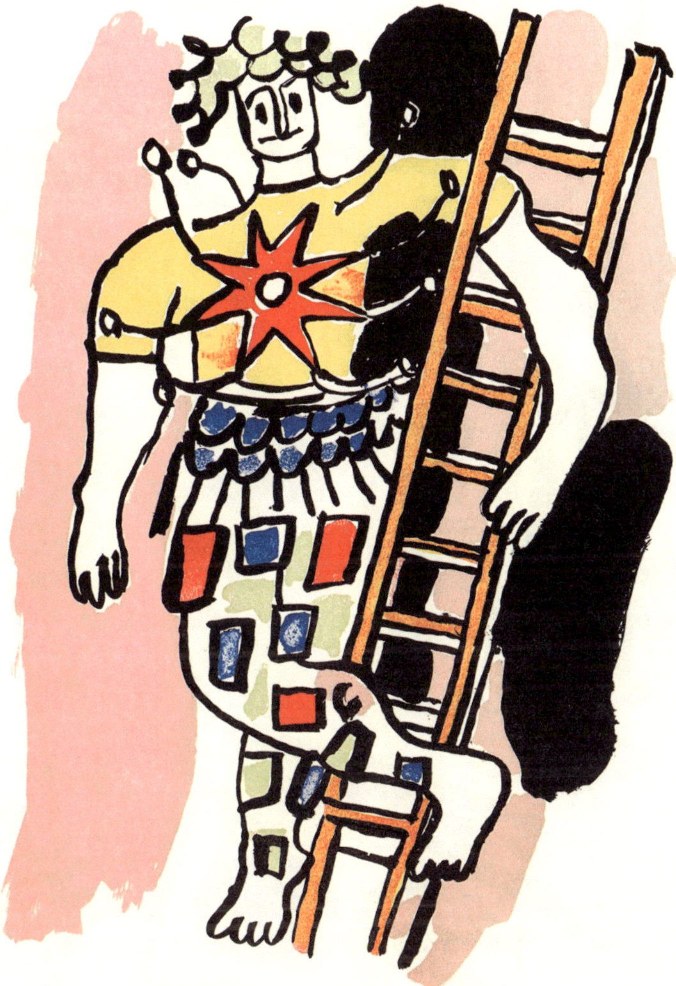

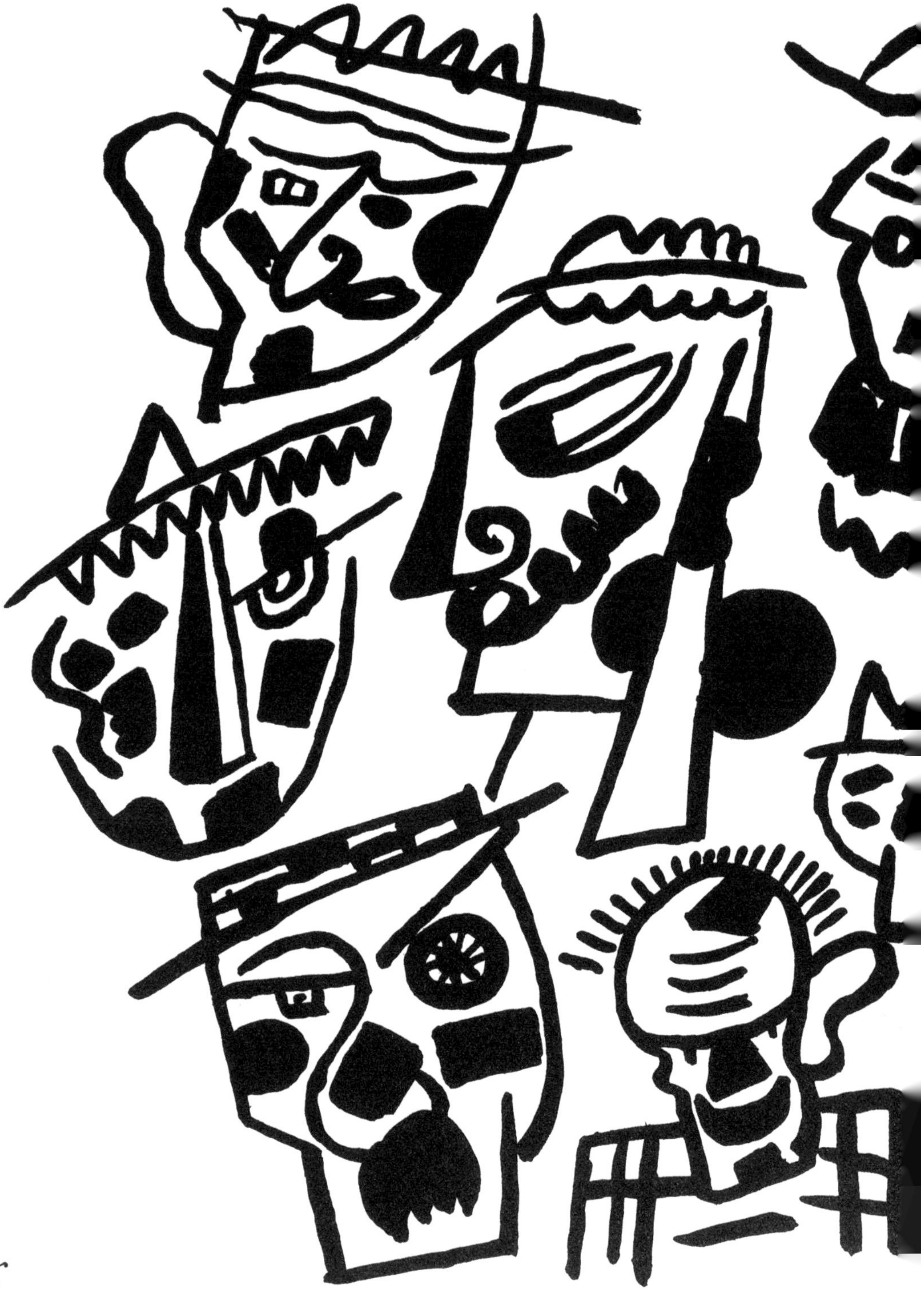

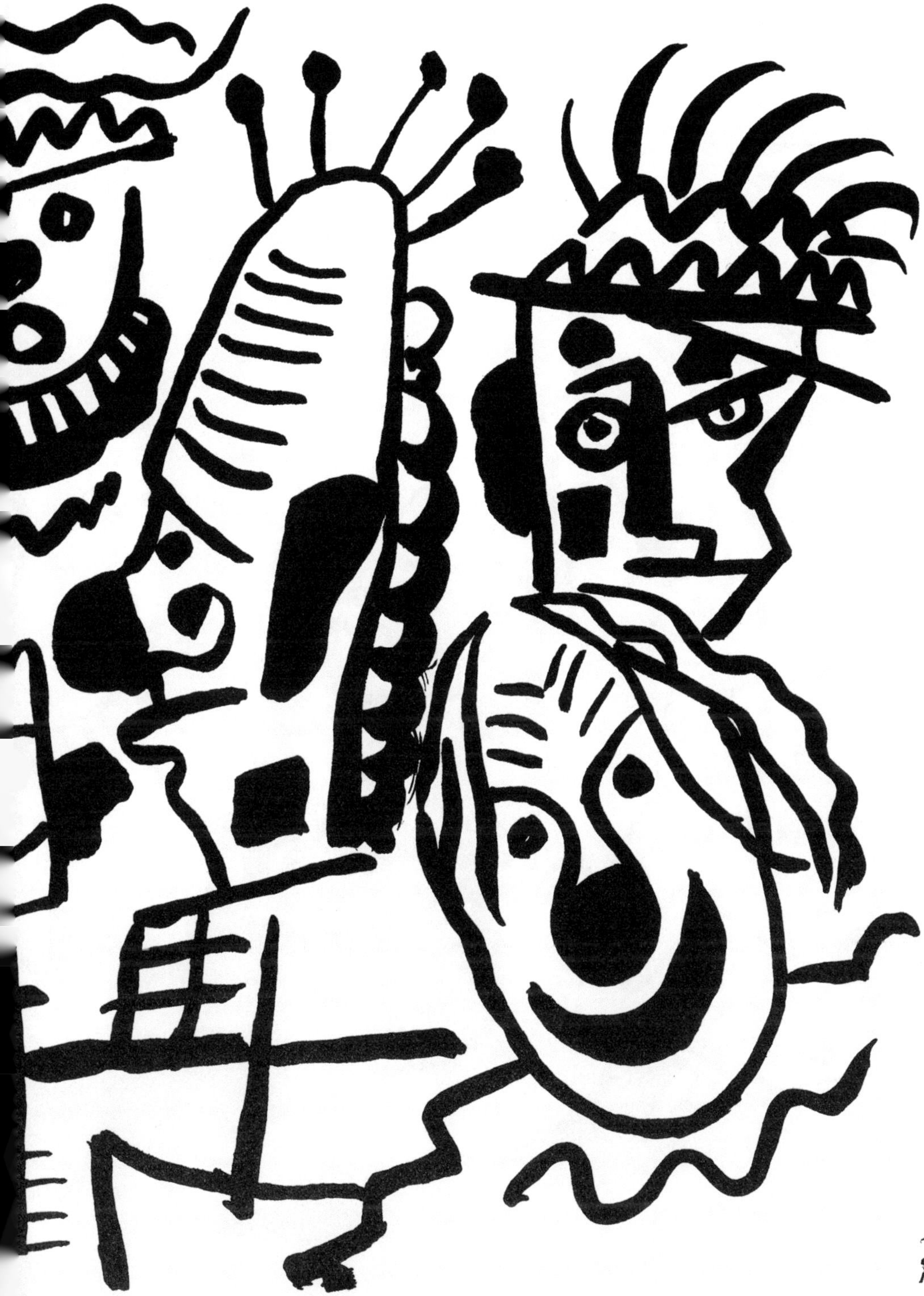

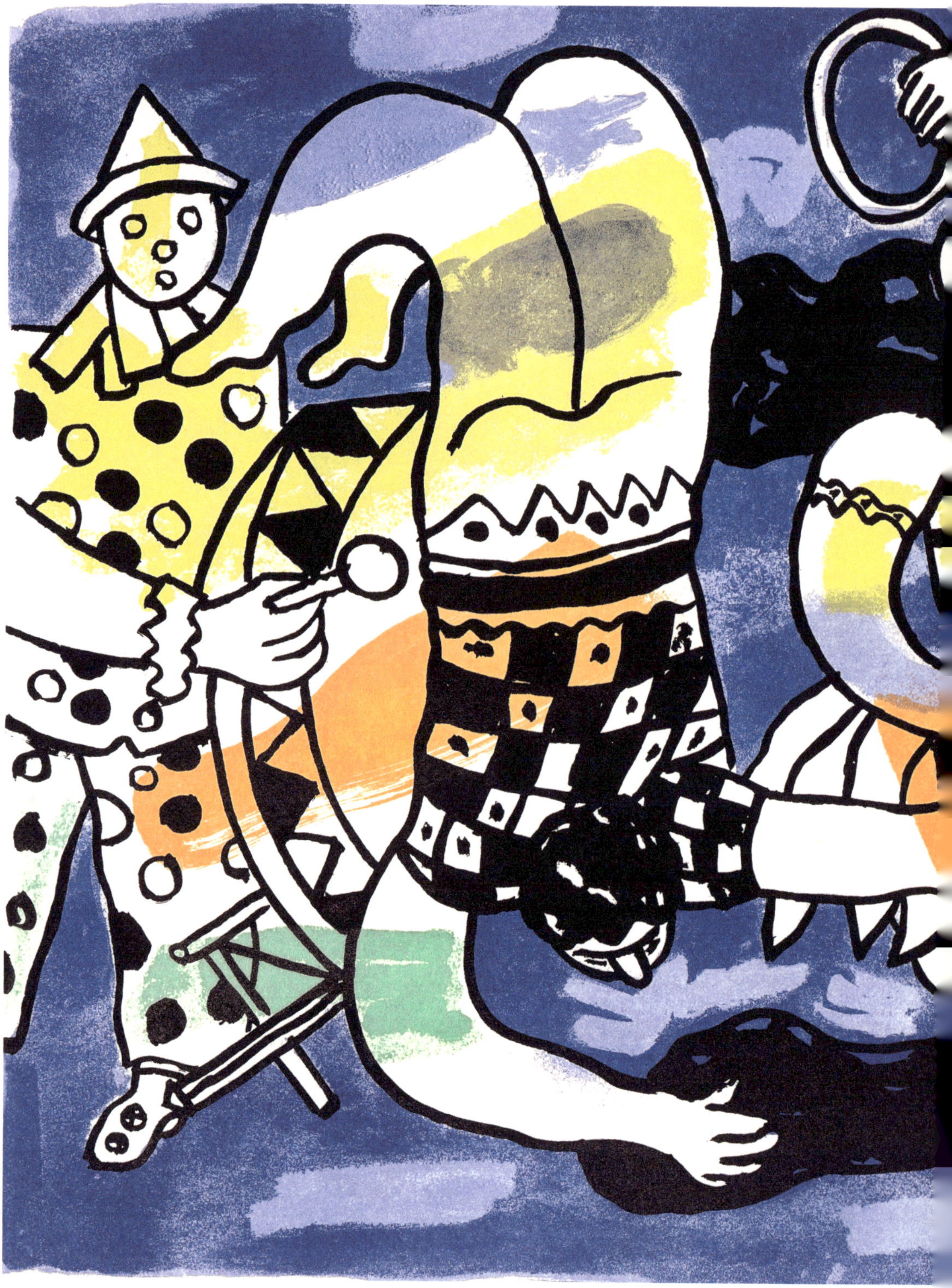

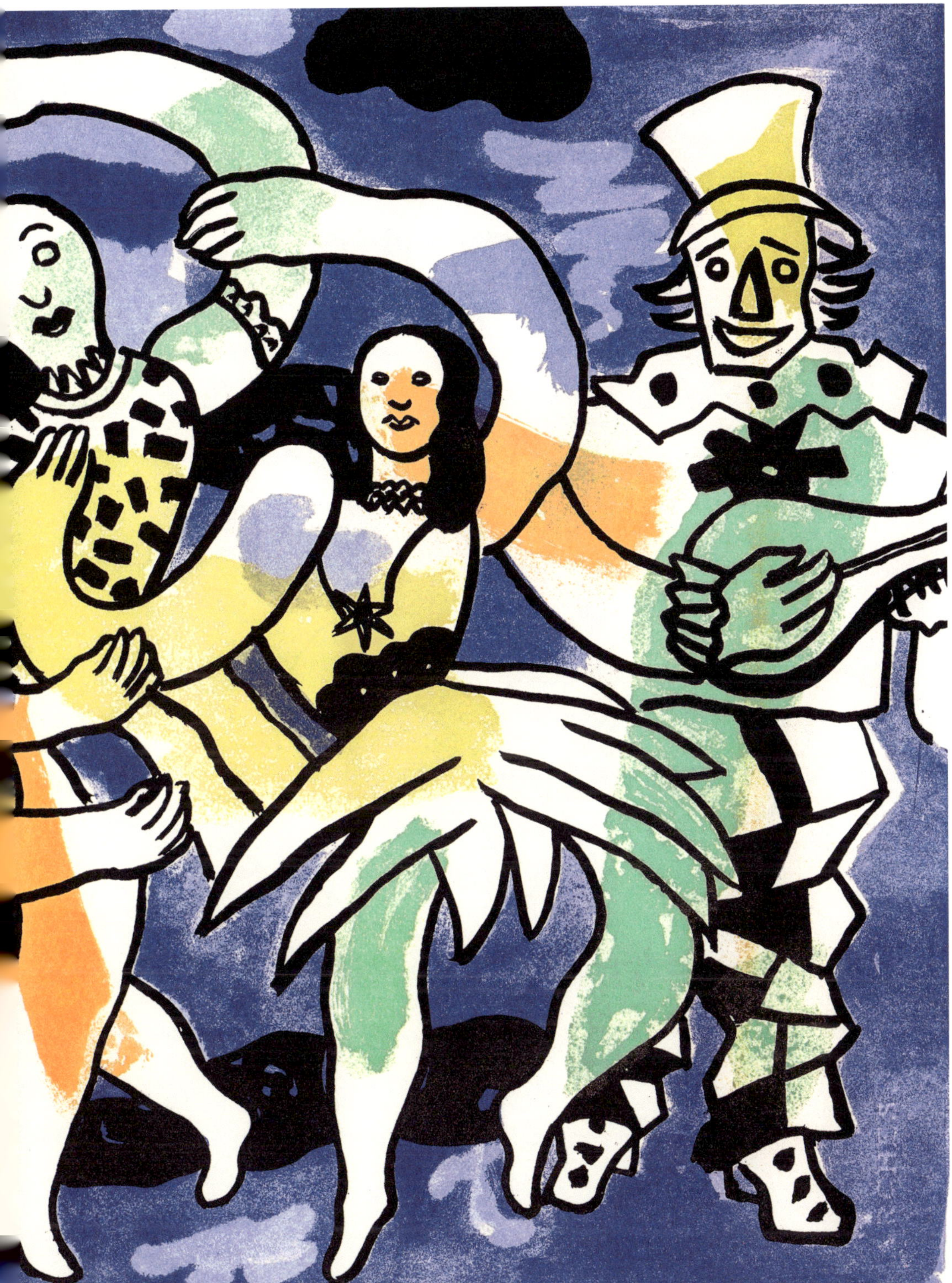

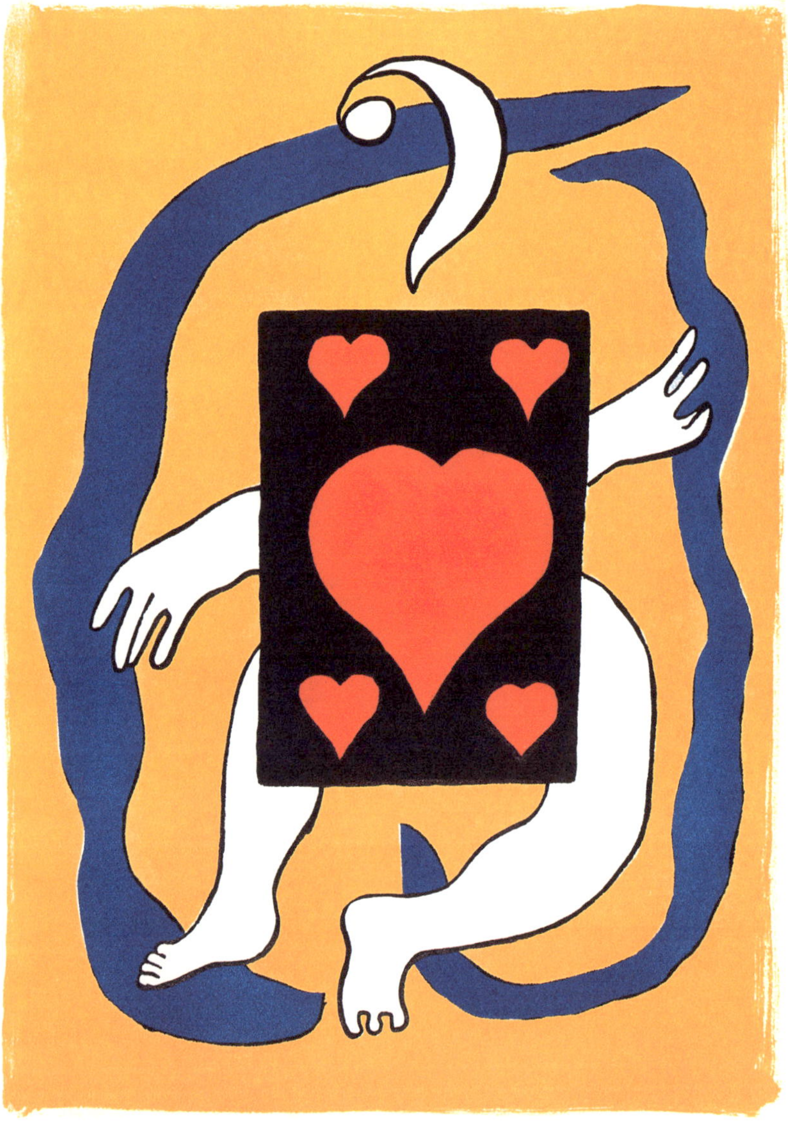

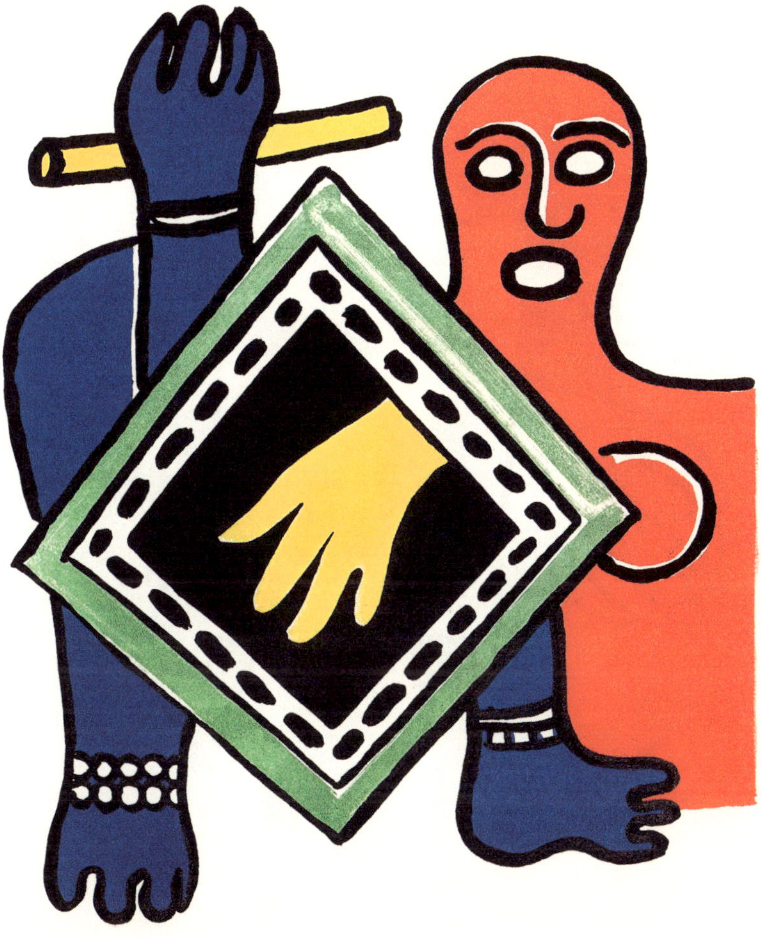

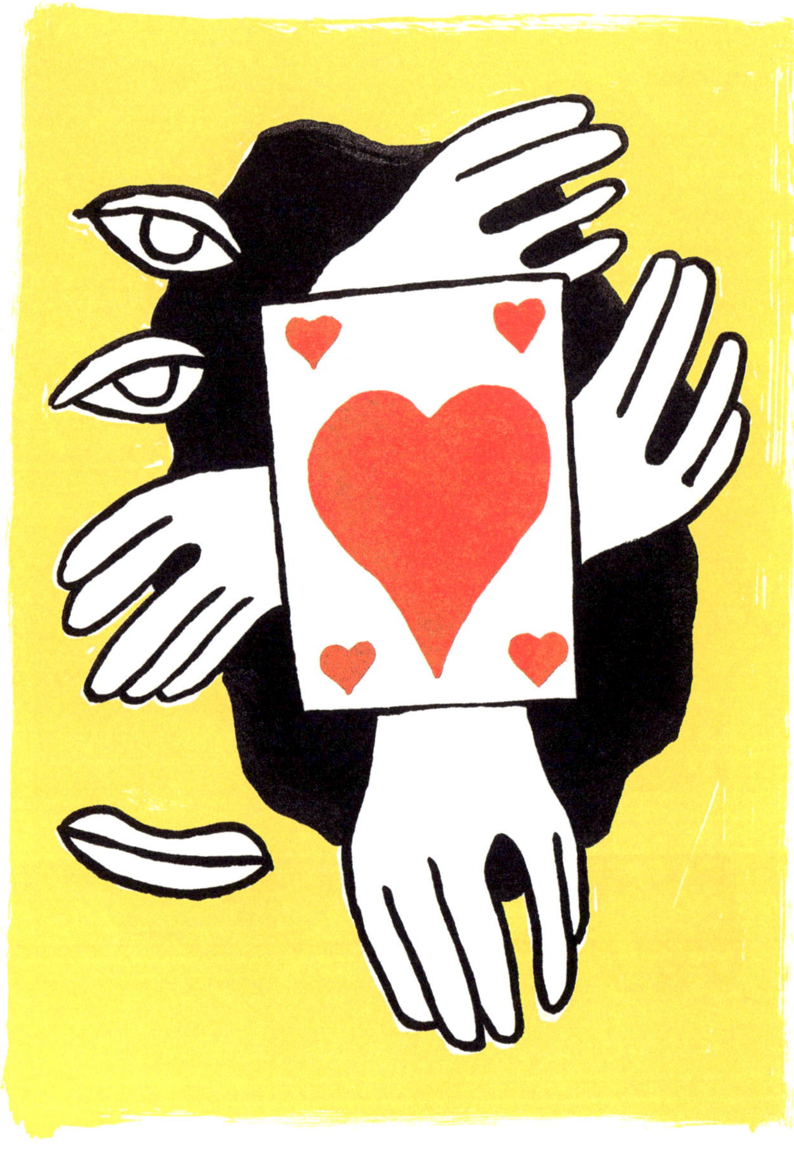

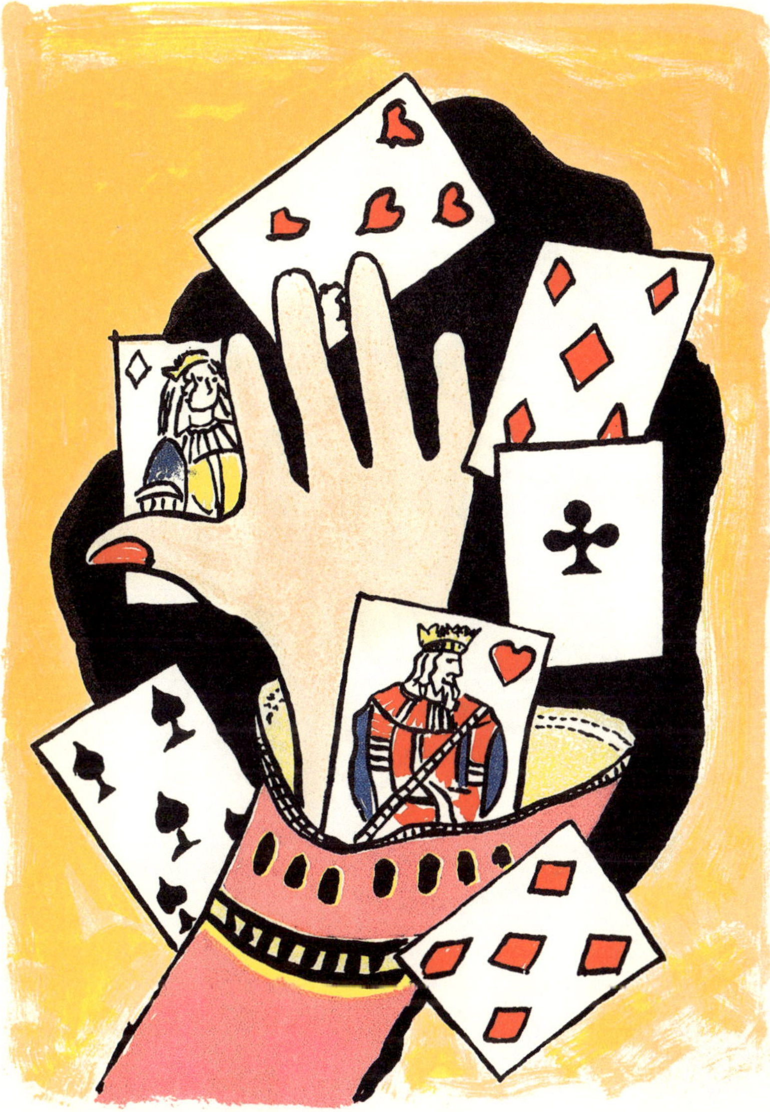

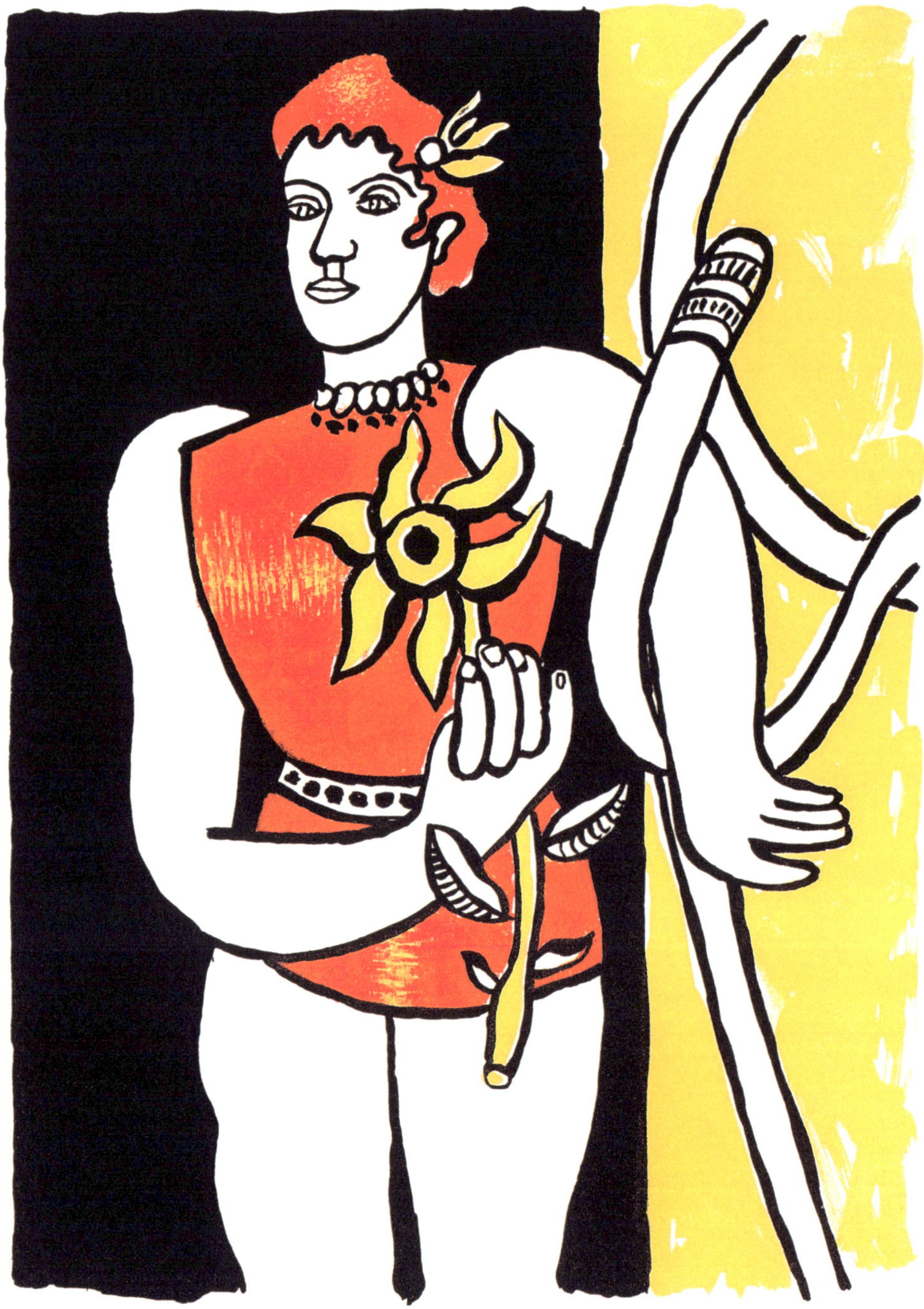

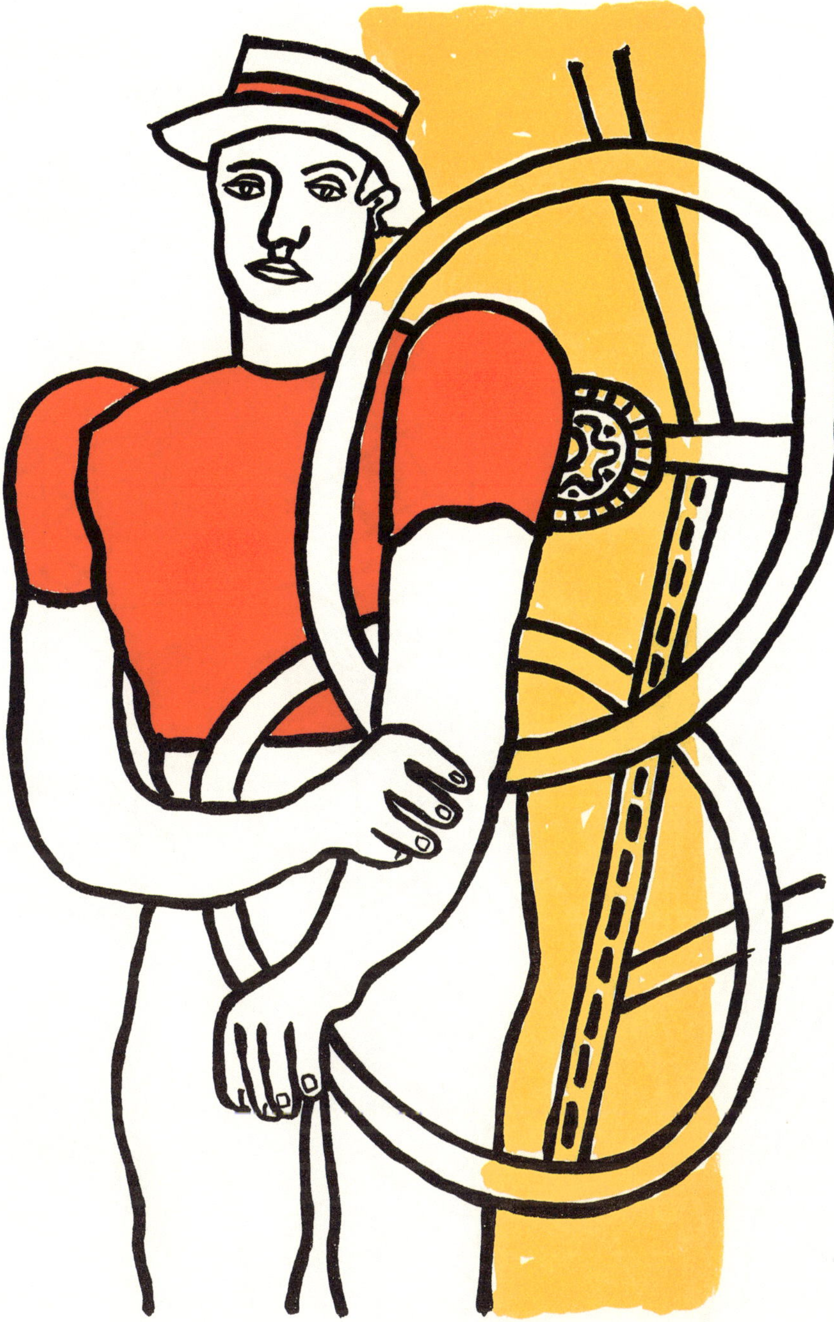

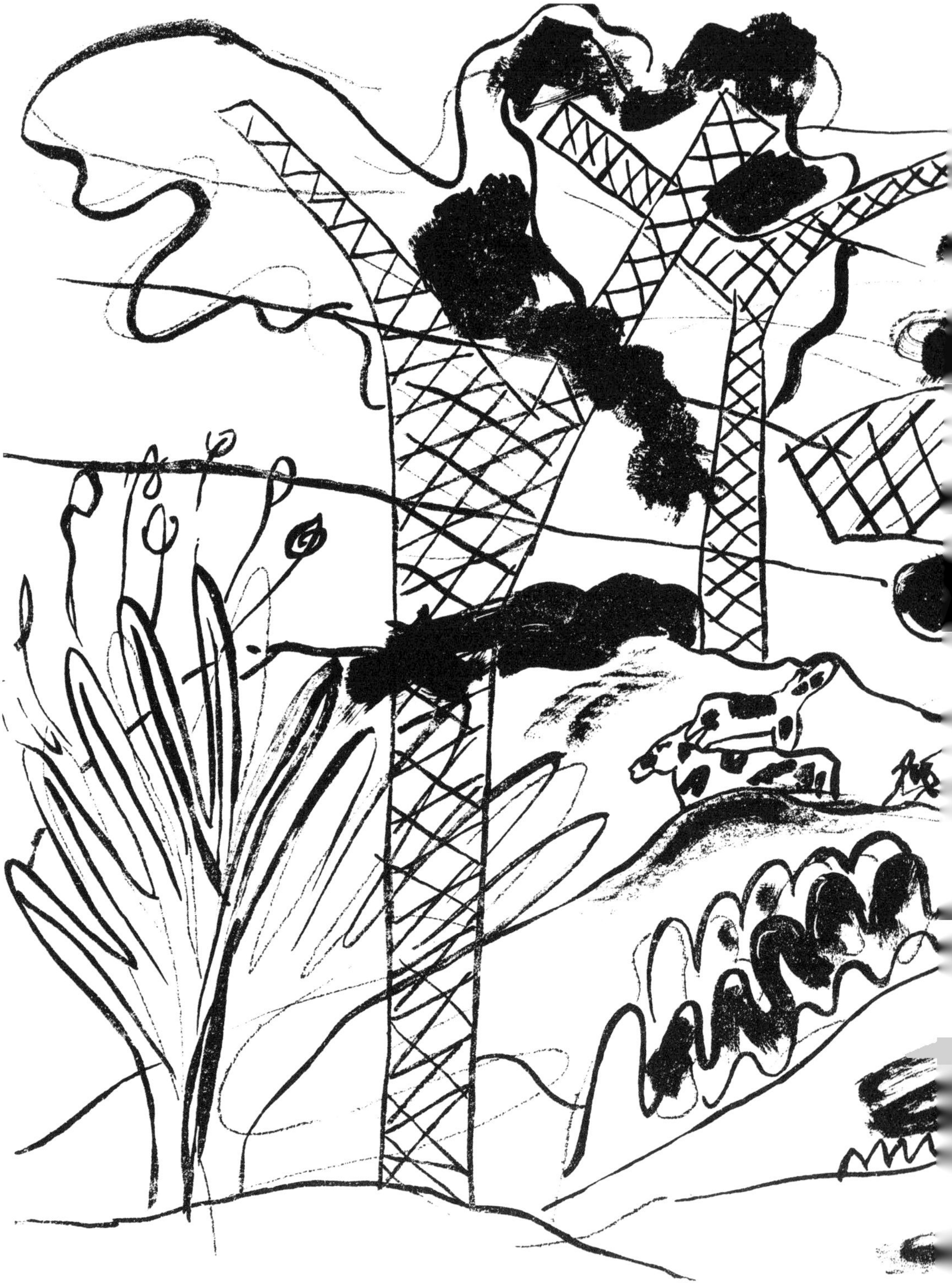

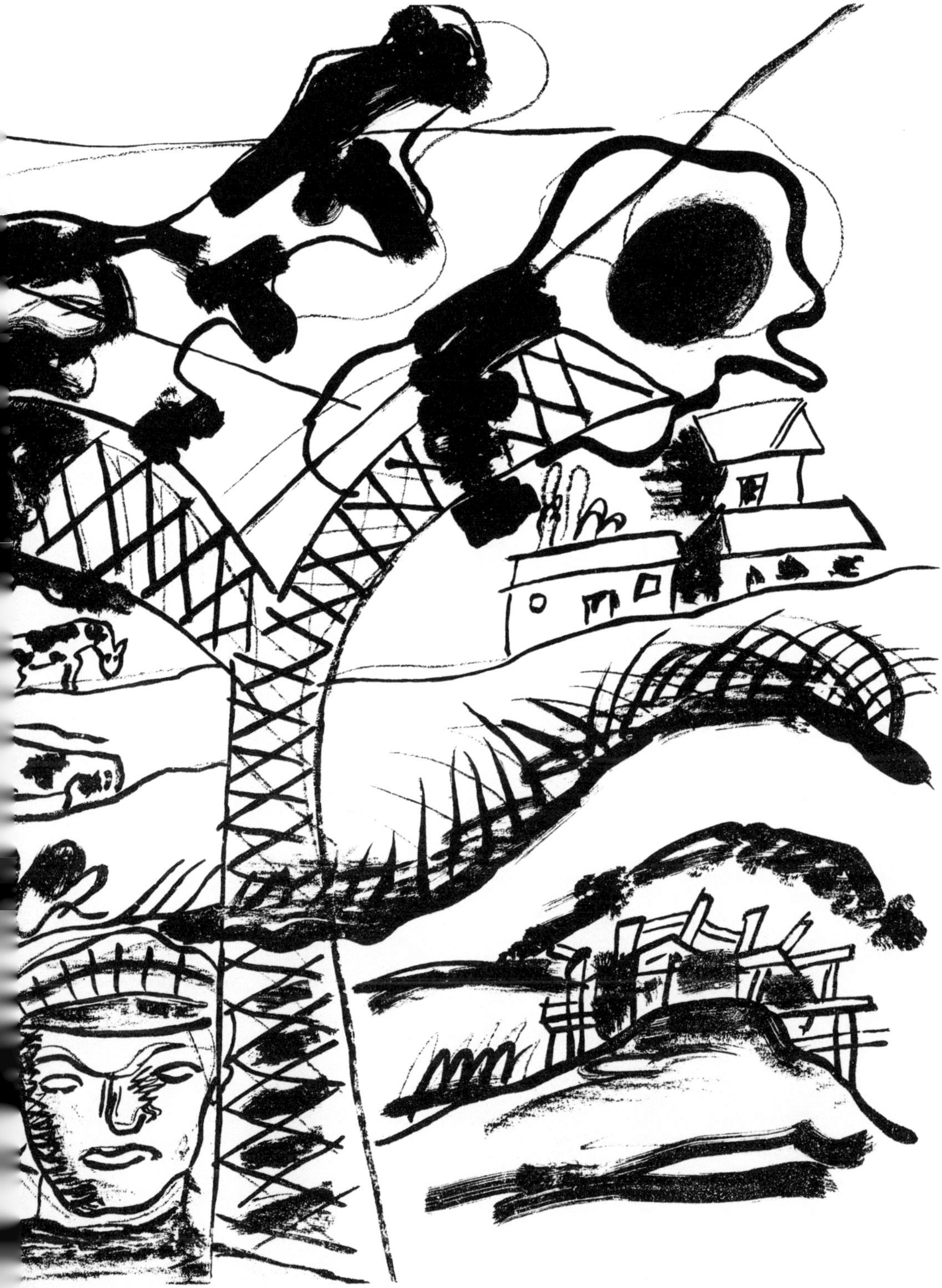

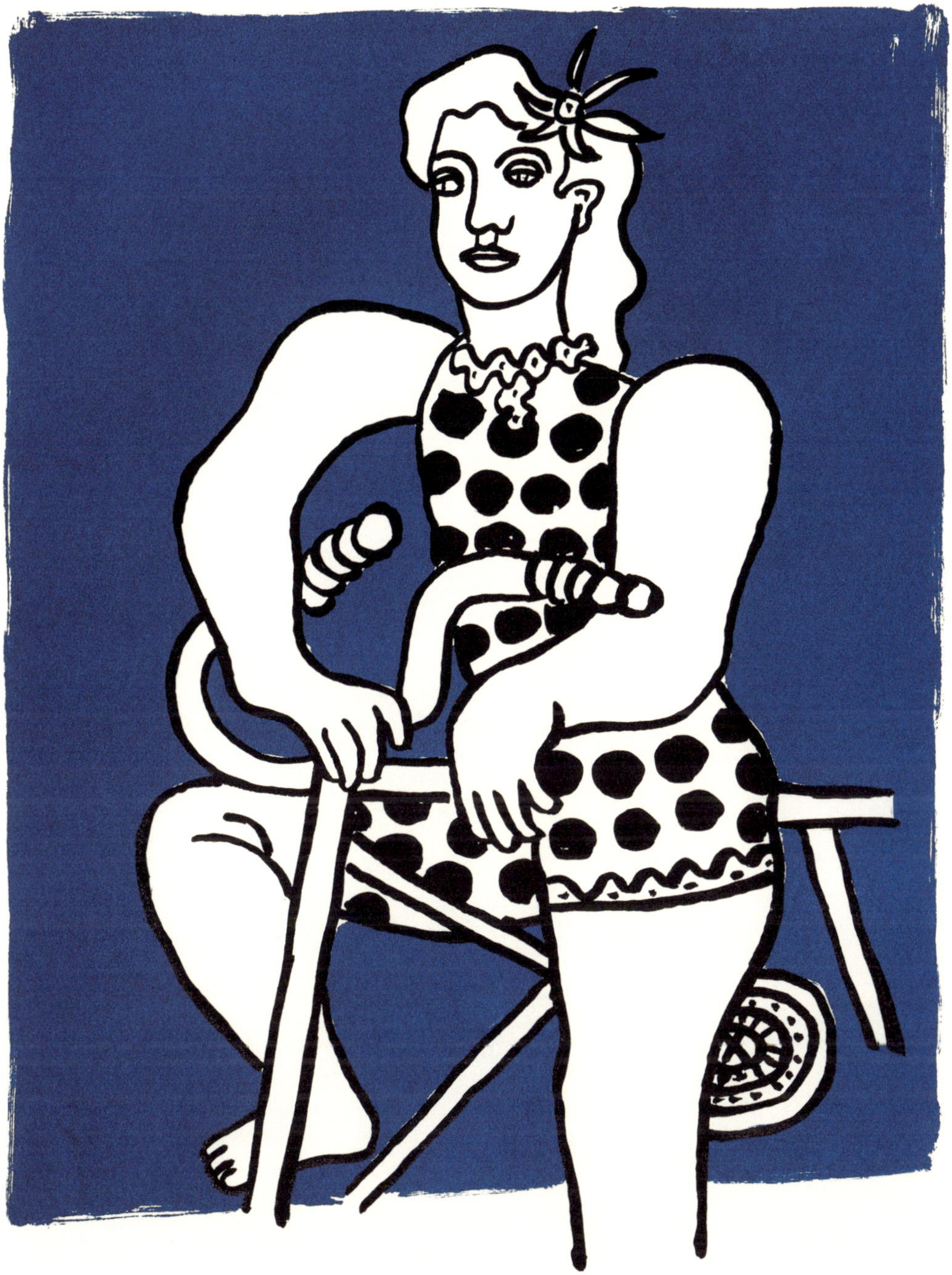

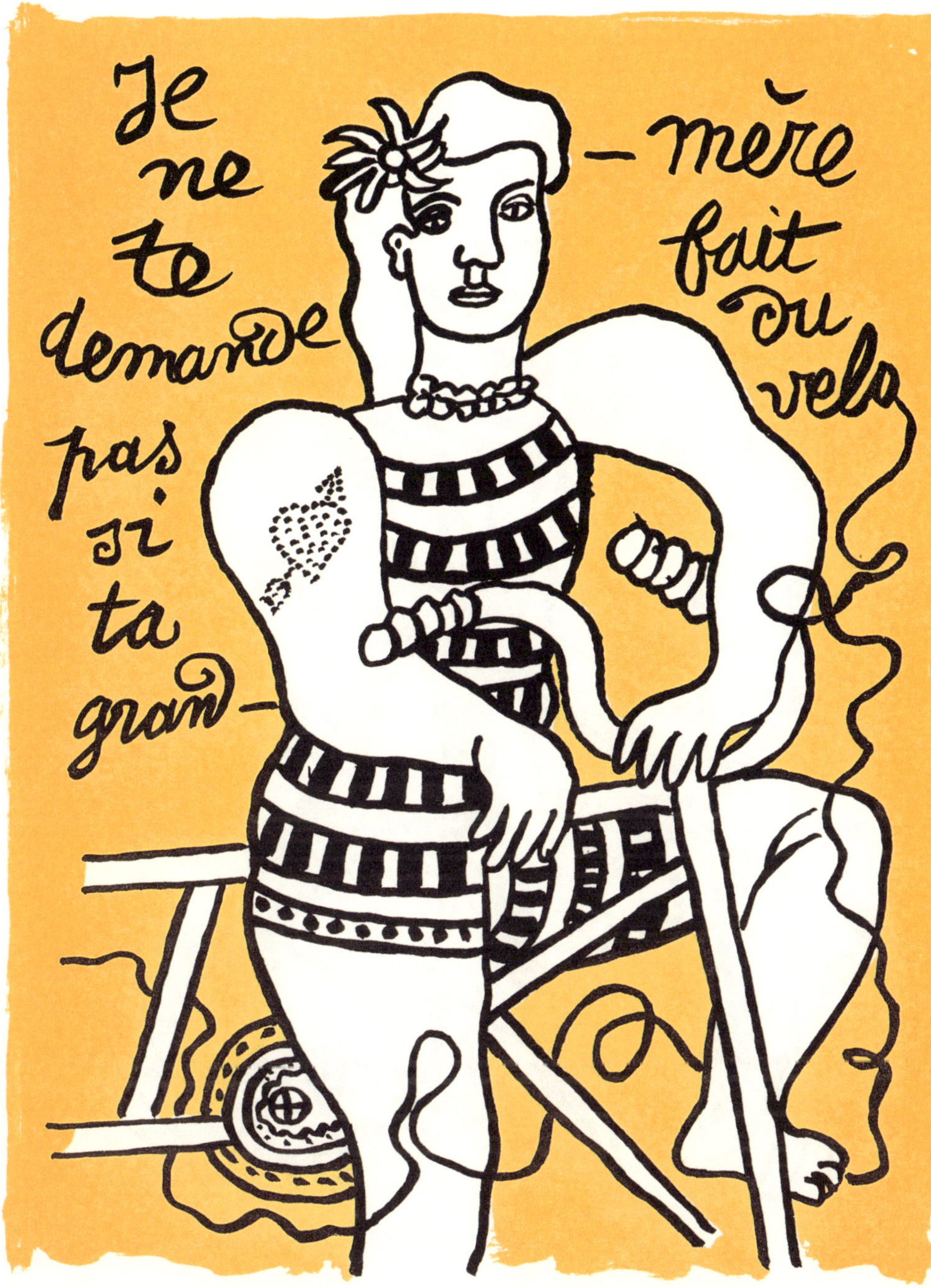
Je
ne
te
demande
pas
si
ta
grand-
-mère
fait
du
velo

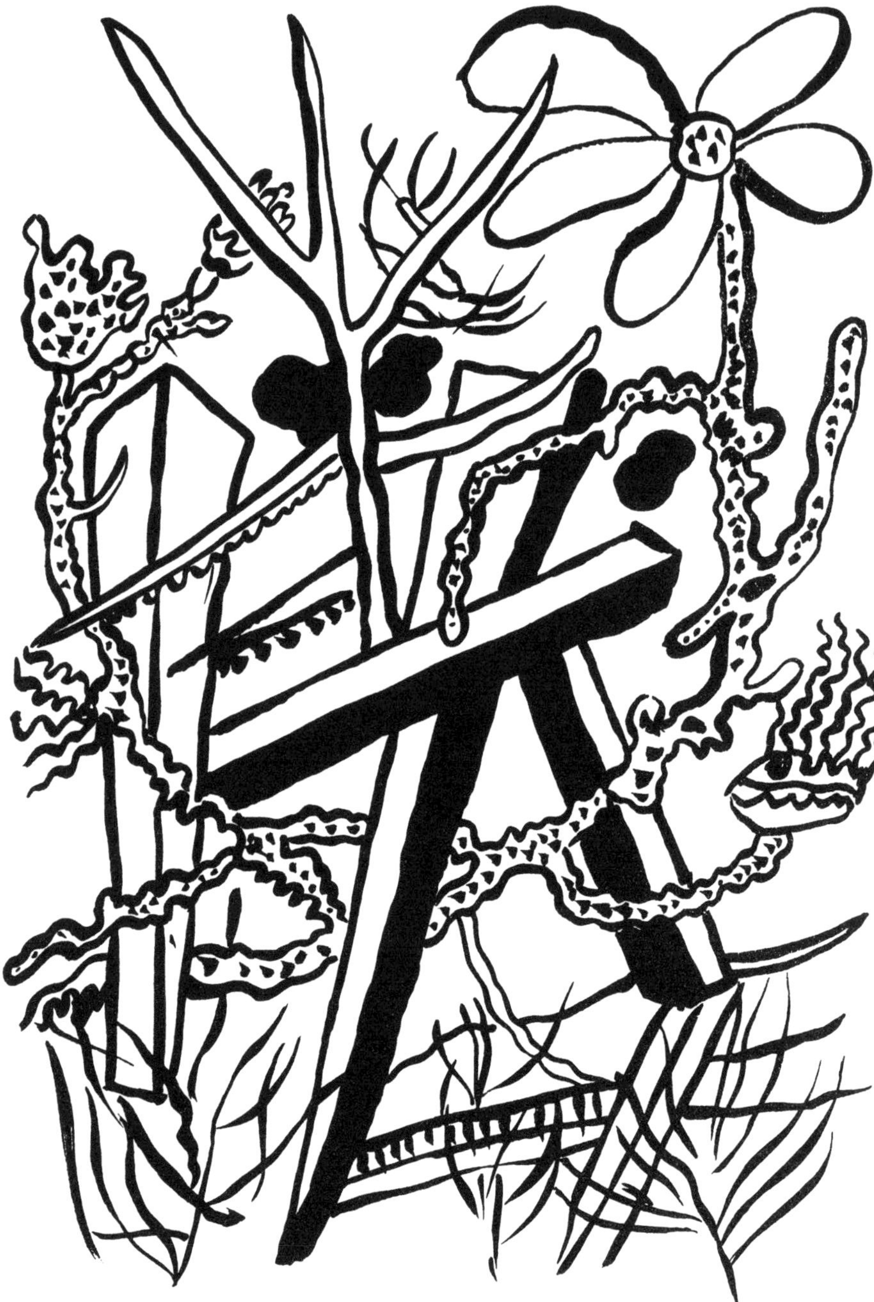

108

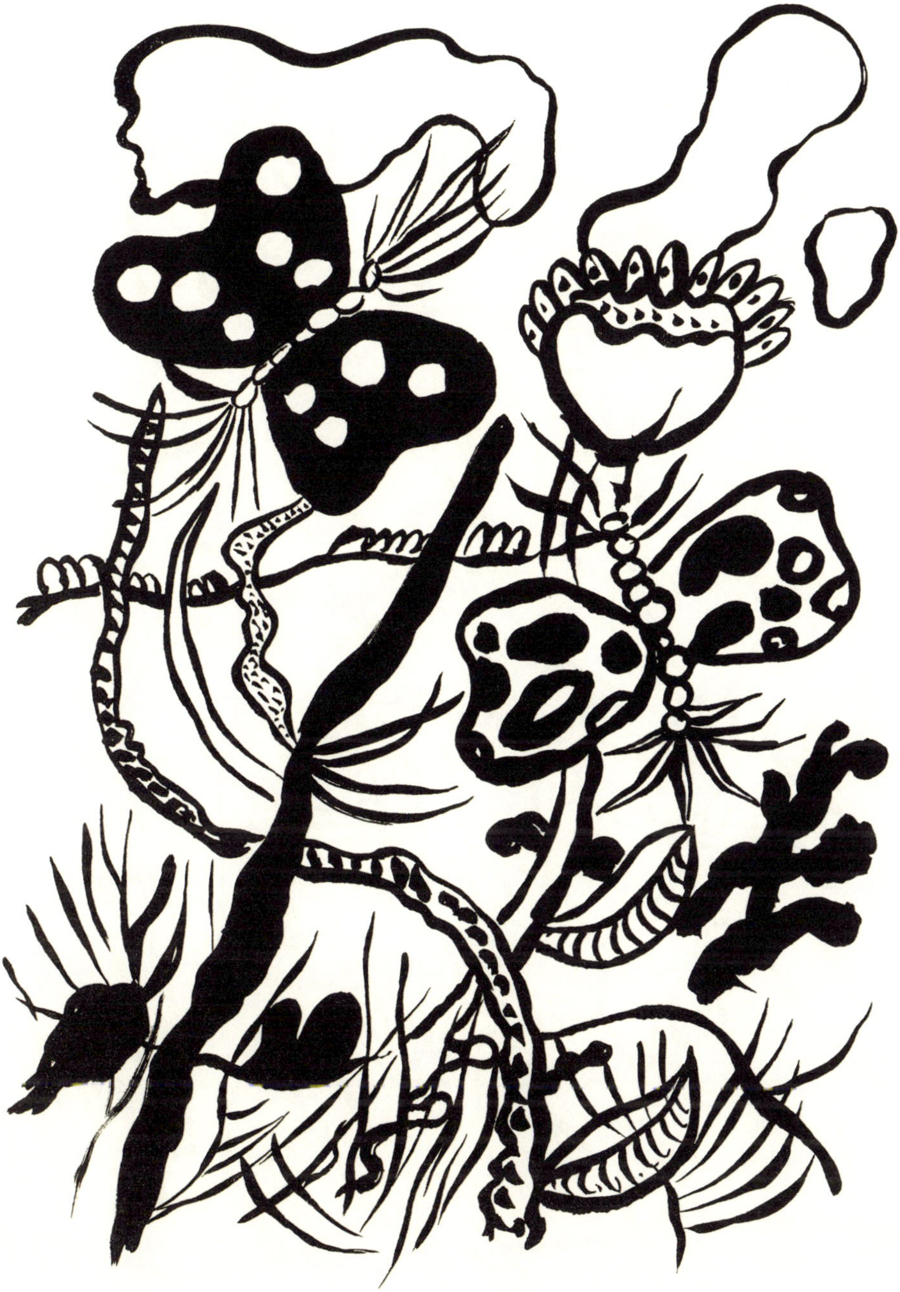

109

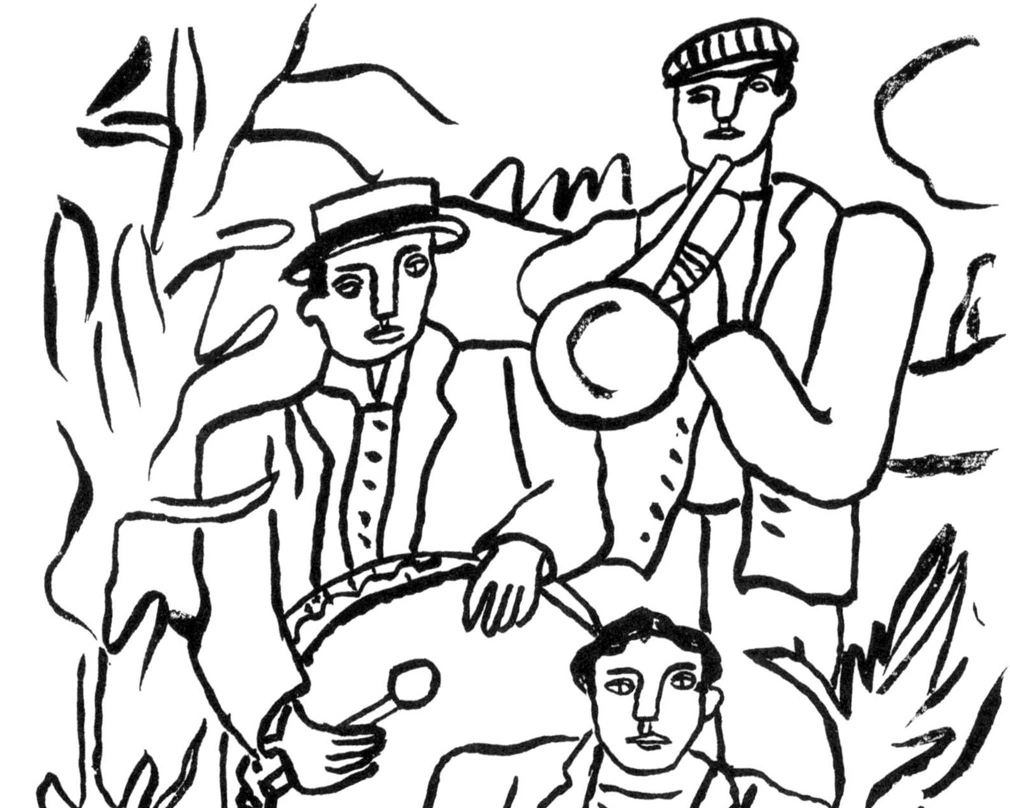

82

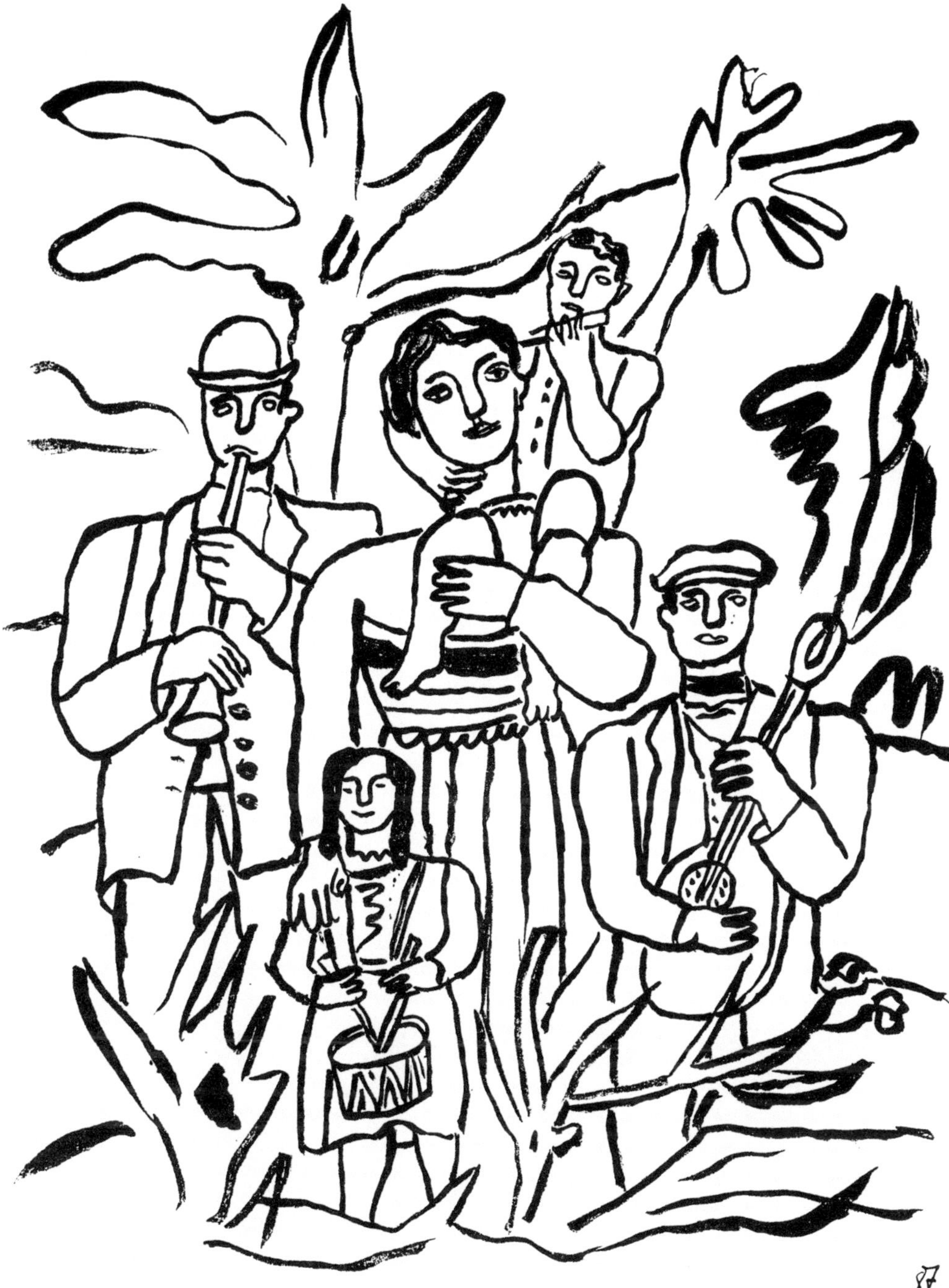

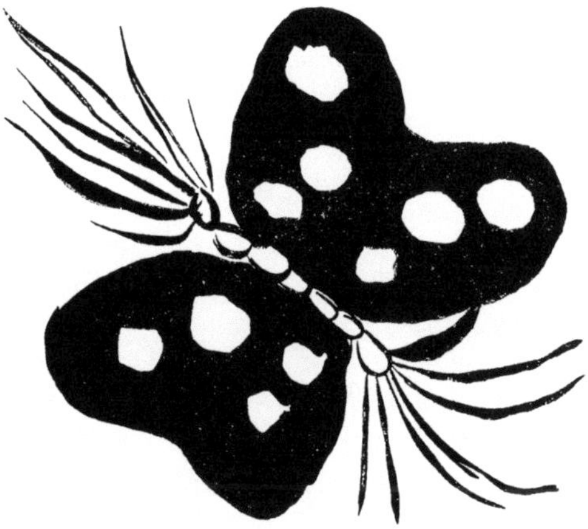

Exposición. Exhibition

Léger. La búsqueda de un nuevo orden
Léger. The Search for a New Order

Fundación Canal
Mateo Inurria, 2,
28036 Madrid
www.fundacioncanal.com

Del 29 de abril al 5 de septiembre de 2021. From April 29th to September 5th, 2021

Produce. Produced by
Fundación Canal, en colaboración con The Art Company/Fundación Canal, in collaboration with The Art Company

Comisariado. Curator
Lola Durán Úcar

Diseño expositivo. Exhibition design
Enrique Bonet

Montaje. Installation
DIME

Iluminación. Lighting
Carlos Alzueta

Diseño gráfico. Graphic design
This Side Up

Producción gráfica. Graphic Production
Taller de serigrafía

FUNDACIÓN CANAL
Canal de Isabel II

Catálogo. Catalogue

Edición. Publisher
La Fábrica

Obras. Works
Fernand Léger
y/and
Georges Braque
André Derain
Marcel Duchamp
Albert Gleizes
Juan Gris
Marie Laurencin
Jean Metzinger
Francis Picabia
Pablo Picasso
François Villon

Textos. Texts
Lola Durán Úcar

Diseño gráfico. Graphic designer
underbau

Traducción. Translations
Art in Translation

Corrección de textos. Proofreading
Isabel García Viejo

Producción. Production
Adriana Rodríguez

Preimpresión. Pre-press
La Troupe

Impresión. Printing
Artes Gráficas Palermo

La tipografía utilizada en este libro es SangBleu y ha sido impreso en papel Arena Natural de 120 g./The typeface used in this book is SangBleu and it has been printed on 120-gram Arena Natural paper.

ISBN 978-84-17769-78-9

Depósito Legal. Legal Deposit
M-8193-2021

Impreso en España.
Printed in Spain

LA FABRICA

Presidente. President
Alberto Anaut

Vicepresidente. Vice President
Alberto Fesser

Director de La Fábrica Editorial.
Publishing Director
César Martínez-Useros

Directora Editorial.
Editorial Content Manager
Camino Brasa

Director de Distribución.
Distribution Manager
Raúl Muñoz

La Fábrica
Verónica, 13
28014 Madrid
T. +34 91 360 13 20
edicion@lafabrica.com
www.lafabrica.com